essentials

Springer Essentials sind innovative Bücher, die das Wissen von Springer DE in kompaktester Form anhand kleiner, komprimierter Wissensbausteine zur Darstellung bringen. Damit sind sie besonders für die Nutzung auf modernen Tablet-PCs und eBook-Readern geeignet. In der Reihe erscheinen sowohl Originalarbeiten wie auch aktualisierte und hinsichtlich der Textmenge genauestens konzentrierte Bearbeitungen von Texten, die in maßgeblichen, allerdings auch wesentlich umfangreicheren Werken des Springer Verlags an anderer Stelle erscheinen. Die Leser bekommen „self-contained knowledge" in destillierter Form: Die Essenz dessen, worauf es als „State-of-the-Art" in der Praxis und/oder aktueller Fachdiskussion ankommt.

Christoph Meinel · Harald Sack

Sicherheit und Vertrauen im Internet

Eine technische Perspektive

Prof. Dr. Christoph Meinel
Hasso-Plattner-Institut
an der Universität Potsdam
Potsdam, Deutschland

Dr. Harald Sack
Hasso-Plattner-Institut
an der Universität Potsdam
Potsdam, Deutschland

ISSN 2197-6708
ISBN 978-3-658-04833-4
DOI 10.1007/978-3-658-04834-1

ISSN 2197-6716 (electronic)
ISBN 978-3-658-04834-1 (eBook)

Die Deutsche Nationalbibliothek verzeichnet diese Publikation in der Deutschen National-bibliografie; detaillierte bibliografische Daten sind im Internet über http://dnb.d-nb.de abrufbar.

Springer Vieweg
© Springer Fachmedien Wiesbaden 2014

Springer Vieweg ist eine Marke von Springer DE. Springer DE ist Teil der Fachverlagsgruppe Springer Science+Business Media
www.springer-vieweg.de

Vorwort

Dieser Text gibt einen kompakten Überblick über Techniken, mit denen die Kommunikation über offene Netze wie das Internet abgesichert und die Privatsphäre geschützt werden kann. Der Text beruht auf dem Kapitel „Digitale Sicherheit" des ersten Bandes „Digitale Kommunikation" unserer Trilogie zu den Internet- und Webtechnologien, erschienen 2009 beim Springer Verlag Berlin Heidelberg, und wurde für die Veröffentlichung bei Springer Essentials neu überarbeitet und erweitert.

Potsdam, im November 2013   Christoph Meinel und Harald Sack

Inhaltsverzeichnis

Einführung 1

> *Sicher ist, dass nichts sicher ist. Selbst das nicht.*
> *– Hans Bötticher, genannt Ringelnatz (1883–1934)*

Das globale Internet ist ein offenes Netz. Offen, das heißt nicht begrenzt und für jedermann zugänglich. Niemand wird ausgeschlossen, jeder kann Zugang zum Netz der Netze erlangen. Diese Offenheit des Internet war Voraussetzung für die große Popularität, die das Internet in den vergangenen Jahrzehnten gewinnen konnte. Allerdings hat diese Offenheit ihren Preis: Es gibt keine zentrale Kontrolle, die z. B. Unbefugten Einblick in die Kommunikation und damit in die Privatsphäre anderer Internetnutzer verwehren würde. Um dennoch einen ausreichenden Schutz der Vertraulichkeit und Privatsphäre zu gewährleisten, müssen in eigener Verantwortung Techniken und Tools aus der Kryptografie eingesetzt werden, die Nachrichten verschlüsseln oder deren Unversehrtheit sicherstellen helfen. Ebenfalls mit Verfahren der Kryptografie lässt sich die Identität der Kommunikationspartner sicher nachweisen, so dass Betrüger, die eine falsche Identität vorspiegeln, nicht ihr Unwesen treiben können. Denn Kommunikationspartner sitzen sich im Internet nicht mehr gegenüber, so dass sie sich anhand ihrer äußeren Erscheinung identifizieren könnten, sondern befinden sich weit entfernt, möglicherweise auf der anderen Seite des Globus. Schließlich gilt es, Verfahren in die digitale Welt zu übertragen, wie das bewährte und erprobte Verfahren einer handschriftlichen Unterschrift zum Nachweis des Einverständnisses, der Bestätigung und Gültigkeit von Dokumenten und Verträgen.

Für alle diese Zwecke liefert die Kryptografie Werkzeuge – symmetrische und asymmetrische Verschlüsselungsverfahren sowie kryptografische Hashfunktionen und digitale Zertifikate, – die im Folgenden zusammen mit möglichen Angriffspunkten sehr kurz und bündig vorgestellt werden.

C. Meinel, H. Sack, *Sicherheit und Vertrauen im Internet*, essentials,
DOI 10.1007/978-3-658-04834-1_1, © Springer Fachmedien Wiesbaden 2014

Als offenes Netzwerk bietet das Internet Angreifern leichte Beute

2

Jeder kennt die Bedrohungen im Internet – Hackerangriffe, Identitätsklau oder Schnüffeleien – als dunkle Kehrseite der Dank des Internets entstandenen neuen digitalen Welt. Die wunderbar vereinfachten Kommunikationsmöglichkeiten, die das Internet bietet, haben in historisch kürzester Zeit alle Bereiche unseres Lebens und der menschlichen Gesellschaft erobert und zu einem unvorstellbar großen digitalen Datenschatz geführt, der auf mit dem Internet verbundenen Server-Rechnern gelagert für jeden Internetnutzer erreichbar ist. Während man diese Rechner weitgehend vor fremdem Zugriff schützen kann, bieten sich doch für Angreifer immer wieder Zugriffsmöglichkeiten, nämlich immer dann, wenn die Daten zwischen diesen Rechnern über das jedermann zugängliche offene Internet ausgetauscht werden (siehe Abb. 2.1).

Das weltweite Internet ist vom Funktionsprinzip her ein offenes Computernetzwerk: Jeder Interessierte kann im Detail Kenntnis erlangen vom Aufbau des Internets und der Protokolle, vermittels derer die Kommunikation im Internet technisch bewältigt wird. Tatsächlich war diese Offenheit – Kenntnisse über die Funktionsweise und Anschlussmöglichkeit für jedermann – die Voraussetzung für den Siegeszug des Internets, und warum es sich in so kurzer Zeit überhaupt so rasant verbreiten konnte. Prinzipiell jeder, der sich mit dem Internet verbindet, kann mit entsprechenden technischen Kenntnissen und Werkzeugen auf potenziell alle im Internet kommunizierten Daten und Nachrichten zugreifen; das Internet ist nicht beschränkt auf einen vertrauenswürdigen Personenkreis.

C. Meinel, H. Sack, *Sicherheit und Vertrauen im Internet*, essentials,
DOI 10.1007/978-3-658-04834-1_2, © Springer Fachmedien Wiesbaden 2014

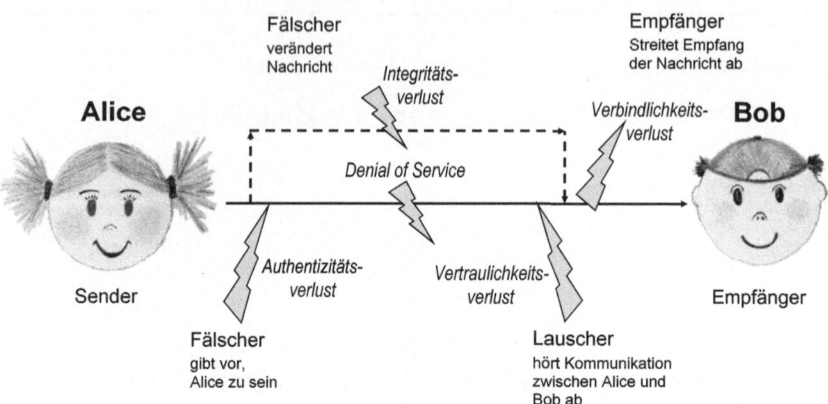

Abb. 2.1 Unterschiedliche Arten der Bedrohung in Kommunikationsnetzen

Bevor wir im Folgenden auf den Schutz der Kommunikation in offenen Netzen wie dem Internet eingehen und die dafür entwickelten kryptografischen Techniken und Verfahren vorstellen wollen, müssen wir zunächst einmal wichtige Eigenschaften und Aspekte zusammentragen, die für die Gewährleistung einer sicheren Kommunikation im Internet von Bedeutung sind.

Sicherheitsziele und Bedrohungen im Internet 3

Um geeignete Sicherheitsmethoden zum Schutz von Computernetzwerken und der über diese versandten Nachrichten entwickeln zu können, müssen zunächst die verschiedenen Sicherheitsziele identifiziert werden, die es zu gewährleisten gilt. Dann ist es möglich, die einzelnen Bedrohungen und Angriffe zu analysieren und festzustellen, gegen welche dieser Sicherheitsziele sie gerichtet sind.

- **Verfügbarkeit und DoS Attacken**

  Damit ein Informationsanbieter Daten über das Internet verfügbar machen kann, ist er auf die zuverlässige Funktionstüchtigkeit der Netzwerkinfrastruktur angewiesen. Diese Funktionstüchtigkeit kann beeinträchtigt werden, wenn Netzwerkkomponenten durch auftretende Fehler und Störungen, aber auch durch gezielte Angriffe von Seiten Krimineller in ihrer Funktion beeinträchtigt oder sogar lahmgelegt werden. Angriffe gegen die Verfügbarkeit eines Computernetzwerkes werden als Denial-of-Service (DoS) Angriffe bezeichnet.

  In der Regel verläuft eine DoS Attacke so, dass im Zuge des Angriffs so viel Last auf dem angegriffenen System – ein Netzwerkserver oder eine Datenverbindung – erzeugt wird, dass dieses nicht mehr in der Lage ist, seine regulären Aufgaben funktions- und zeitgerecht zu bewältigen. Ein anderer verbreiteter Angriff ist das DNS-Poisoning. DNS, das Domain Name System, dient im Internet dazu, die üblichen Rechnernamen (Domain Namen) in die im Internet verwendeten numerischen IP-Adressen umzuwandeln. Durch die Manipulation eines DNS-Servers können Angreifer erreichen, dass bestimmte Rechner im Internet einfach nicht mehr erreichbar sind bzw. gezielt Nachrichten über für die Angreifer zugängliche Netzwerkknoten umgeleitet werden zum Zweck des Ausspähens und Manipulierens.

- **Datenintegrität**

  Datenintegrität steht für die Garantie, dass die Nachricht, die der Empfänger vom Sender erhalten hat, auf dem Übertragungsweg im Internet nicht beschädigt oder verfälscht worden ist. Daten, die an ihn übertragen wurden, sollen ihn

C. Meinel, H. Sack, *Sicherheit und Vertrauen im Internet*, essentials,
DOI 10.1007/978-3-658-04834-1_3, © Springer Fachmedien Wiesbaden 2014

vollständig im Originalzustand (integer) erreichen. Der Inhalt der übertragenen Daten darf weder in böser Absicht durch einen unberechtigten Dritten, noch zufällig durch auftretende Übertragungsfehler verändert worden sein.

Um das sicherzustellen, müssen zusätzlich zu den regulären Fehlerbehandlungsverfahren im Netzwerk geeignete kryptografische Verfahren angewendet werden. Angreifer sollen nicht in der Lage sein, abgefangene Nachrichten in ihrem Sinne zu manipulieren und dann unbemerkt weiterzuleiten. Dann wäre die Datenintegrität nicht gewährleistet, und der Empfänger kann sich nicht mehr darauf verlassen, dass die erhaltene Nachricht vollständig und unverändert ist.

- **Vertraulichkeit und Geheimhaltung**
  Obwohl der Inhalt übermittelter digitaler Nachrichten eigentlich nur für ihren Empfänger bestimmt ist, kann sich in einem offenen Netzwerk ein unberechtigter Dritter durch Überwachung des Datenverkehrs leicht unbefugt Einblick in die Datenübertragung verschaffen (Eaves Dropping). Um Daten in einem Rechnernetz abzuhören, müssen die Übertragungsleitungen oder Zwischenstationen auf dem Übertragungsweg „angezapft" werden. Bei Funknetzwerken ist das besonders einfach: Hier kann der Datenverkehr leicht mit einem sogenannten Packet-Sniffer abgehört werden. Die Folge ist ein Verlust der Vertraulichkeit der Kommunikation und damit verbunden auch der Privatsphäre (Loss of Privacy) der Kommunikationspartner. Ein unberechtigter Dritter kann die abgefangenen Nachrichten lesen und ihren Inhalt verstehen, solange diese nicht durch geeignete kryptografische Methoden geschützt werden. Um den Inhalt einer Nachricht geheim zu halten, werden Verschlüsselungstechniken angewandt, die den Dateninhalt für Nichteingeweihte unkenntlich machen und so für die Gewährleistung der Vertraulichkeit und Privatheit sorgen.

- **Authentifikation und IP Spoofing**
  Die Authentizität einer Nachricht garantiert die Identität des Senders gegenüber dem Empfänger. Dringt ein unbefugter Dritter in einen Kommunikationsvorgang ein und konstruiert eine Nachricht für den Empfänger unter Vorspiegelung eines falschen Absenders, geht die Authentizität der Nachricht verloren (Loss of Authenticity). Der Empfänger ist dann nicht mehr in der Lage zu erkennen, ob die empfangene Nachricht tatsächlich vom angegebenen Empfänger stammt und ob sie echt ist. Zur Sicherung der Authentizität des Senders muss also verhindert werden, dass sich ein unberechtigter Dritter unbemerkt als Absender einer Nachricht ausgeben kann. Stehen sich zwei Kommunikationspartner in der realen Welt physisch gegenüber, dann erfolgt die Authentifikation auf visuellem oder akustischem Wege. Bei einer digitalen Kommunikation wird die Authentifikationsaufgabe schwieriger. Um zu gewährleisten, dass z. B. eine

empfangene Nachricht tatsächlich vom angegebenen Absender stammt, sind aufwändige kryptografische Authentifikationsverfahren entwickelt worden, wie z. B. digitale Signaturen. Fälscht ein Angreifer die Absenderangabe z. B. in einer Email, dann spricht man vom IP-Spoofing. Zusammen mit dem Packet-Sniffing ist das die häufigste Form von Sicherheitsangriffen im Internet.

- **Autorisierung**
  Nachdem die Identität eines Kommunikationsteilnehmers sichergestellt ist, darf dieser nur auf die Informationen und Dienste zugreifen, die auch tatsächlich für ihn bestimmt sind. Um dies zu gewährleisten, muss eine Zugriffskontrolle erfolgen und jede Informationsressource mit Zugriffsberechtigungen verknüpft werden. Eine solche Zugriffskontrolle kann nur unterlaufen werden, wenn es dem Angreifer gelingt, eine falsche Identität vorzutäuschen oder die im Betriebssystem hinterlegten Zugriffsberechtigungen selbst zu manipulieren.

- **Verbindlichkeit (Non-Repudiation)**
  Ein Kommunikationsnetzwerk muss ein zuverlässiges (verbindliches) Übertragungsmedium bereitstellen, d. h. weder Sender noch Empfänger einer Nachricht sollen die Versendung bzw. den Empfang einer Nachricht abstreiten können. Ohne diese Verbindlichkeit ist z. B. keine zuverlässige, rechtsverbindliche Geschäftsabwicklung über das Internet möglich. Ähnlich wie im Falle der Authentifikation, lässt sich die Verbindlichkeit einer Transaktion mit Hilfe kryptografischer Methoden in Form digitaler Signaturen gewährleisten. Diese helfen nicht nur, die Identität von Sender und Empfänger zu validieren, sondern können auch dafür sorgen, dass die Transaktion mit einem Zeitstempel versehen wird, mit dem auch im Nachhinein der Zeitpunkt der Transaktion unbestreitbar nachweisbar ist.

Grundbegriffe der Kryptografie 4

Hauptgegenstand der Kryptografie ist die Verschlüsselung und Entschlüsselung von Klartextinformation. Durch das Verschlüsseln (Chiffrieren) wird ein Klartext in einen Chiffretext (Chiffrat) transformiert, so dass Uneingeweihte keinen Rückschluss auf den Inhalt ziehen können. Der Chiffretext sieht vollkommen unsinnig aus, wie zufällig aneinandergereihte Zeichen. Das Verschlüsselungsverfahren, also die Abbildungsvorschrift, die den Klartext in den Chiffretext transformiert, wird dabei als Chiffre bezeichnet. Das Verschlüsselungsverfahren nutzt jeweils eine nur den beiden Kommunikationspartnern bekannte Geheiminformation (Schlüssel), die ausgewählt aus einer astronomisch großen Menge ähnlicher Informationen praktisch nicht erraten werden kann. Mit Hilfe des Schlüssels kann umgekehrt aus dem Chiffretext durch Entschlüsselung (Dechiffrieren) wieder der ursprüngliche Klartext gewonnen werden (siehe Abb. 4.1).

Um es nun Angreifern so schwer wie möglich zu machen, unbefugt Kenntnis von dem geheimen Schlüssel der Kommunikationspartner zu erlangen und damit das Chiffrat unbefugt dechiffrieren zu können, muss die Wahrscheinlichkeit, den Schlüssel erraten zu können, so gering wie möglich sein. Auch dürfen die trotz aller Sicherheitsvorkehrungen nicht zu verhindernden Versuche, einfach alle potenziell möglichen Schlüssel durchzuprobieren (Brute Force Attacke) nicht zum Erfolg führen, zumindest nicht in einem Zeitraum, in dem das Geheimnis der Kommunikation zu wahren ist.

Schlüssel bestehen aus Zeichenfolgen über die das Verschlüsselungsverfahren gesteuert wird. Unabhängig von der Zahl der zur Verfügung stehenden Zeichen wächst die Anzahl der möglichen Schlüssel exponentiell mit ihrer Länge. Je länger also ein Schlüssel ist, umso geringer wird die Wahrscheinlichkeit, ihn erraten zu können. Auch steigt mit wachsender Schlüssellänge der erforderliche Zeitaufwand ins Unermessliche, systematisch alle möglichen Schlüssel durchzuprobieren, um den richtigen zu finden. Ab einer bestimmten Schlüssellänge spricht man deshalb von Verschlüsselungsverfahren der starken Kryptografie, da dann der zum Brechen

C. Meinel, H. Sack, *Sicherheit und Vertrauen im Internet, essentials*,
DOI 10.1007/978-3-658-04834-1_4, © Springer Fachmedien Wiesbaden 2014

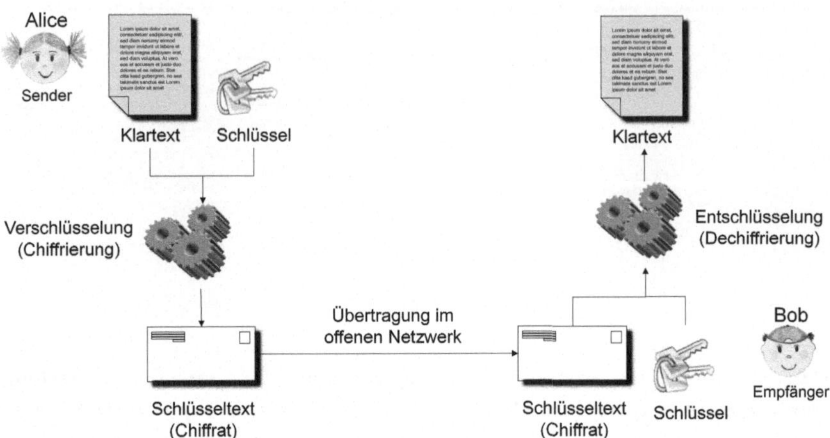

Abb. 4.1 Sichere Kommunikation durch Kryptografie

des Schlüssels notwendige Zeit- und Rechenaufwand ins Astronomische steigt. Mit steigender Rechenleistung verschiebt sich diese Grenze allerdings mit der Zeit hin zu immer größeren Schlüssellängen, so dass die Einteilung in Methoden der starken und schwachen Kryptografie stets eine relative bleibt.

In offenen Netzen wie dem Internet lässt sich auch bei abgesicherter Kommunikation ein Zugriff eines Angreifers auf das verschlüsselte Chiffrat nicht verhindern. Ohne Kenntnis des Verschlüsselungsverfahrens und des verwendeten Schlüssels ist diese Information zunächst allerdings nutzlos. Der Versuch, ohne bekannten Schlüssel ein Chiffrat zu entschlüsseln, wird als Angriff bezeichnet. Gelingt dem Angreifer der Rückschluss auf den Inhalt der Nachricht ohne den verwendeten Schlüssel, so gilt das Verschlüsselungsverfahren als gebrochen oder umgangssprachlich als „geknackt". Wird der Schlüssel auf andere Art und Weise (Diebstahl, Bestechung, Social Engineering, etc.) gewonnen, so sagt man, dass der Schlüssel kompromittiert ist.

Die Bedeutung der Kryptografie für das Internet und die digitale Datenverarbeitung ergibt sich nun aus der Tatsache, dass sich sämtliche im vorangegangenen Abschnitt beschriebenen Sicherheitsziele mit Hilfe jeweils unterschiedlicher kryptografischer Methoden gewährleisten lassen, die allerdings z. T. sehr ausgefeilt miteinander kombiniert werden müssen.

Vertraulichkeit und Verschlüsselung 5

Betrachten wir zunächst das Sicherheitsziel der Vertraulichkeit und Geheimhaltung. Um dieses Ziel zu erreichen, also um sicherzustellen, dass vertrauliche Information bei ihrem Transport durch das offene Internet nicht Unberechtigten zur Kenntnis gelangen können, brauchen die geheim zu haltenden Nachrichten einfach nur mit einem kryptografischen Verfahren mit einem hinreichend langen Schlüssel verschlüsselt werden. Selbst wenn es einem Angreifer gelingt, in den Besitz (einer Kopie) einer transportierten verschlüsselten Nachricht zu gelangen – im Internet lässt sich das wie schon bemerkt nicht verhindern -, kann er ohne den geheimen Schlüssel praktisch keine Kenntnis vom Inhalt der Nachricht erlangen, zumindest wenn die Schlüssellänge so gewählt ist, dass zum Erraten oder zum systematischen Durchprobieren astronomisch viele Versuche nötig sind.

Die bis dato entwickelten kryptographischen Verschlüsselungsverfahren lassen sich in zwei Klassen einteilen, nämlich in die symmetrischen, auch als Secret-Key-Verfahren bezeichneten Verschlüsselungsverfahren, und in die erst in den letzten 50 Jahren entwickelten und den Anforderungen im Internet in besonderer Weise entsprechenden asymmetrischen Verfahren, auch Public-Key-Verfahren genannt.

5.1 Symmetrische Verschlüsselungsverfahren mit geheimen Schlüsseln

Bei symmetrischen Verschlüsselungsverfahren benutzen Sender und Empfänger als geheimen Schlüssel zur Ver- und Entschlüsselung jeweils den gleichen, zuvor ausgetauschten oder gemeinsam vereinbarten Schlüssel (siehe Abb. 5.1). Die den meisten symmetrischen Verschlüsselungsverfahren zugrunde liegende Transformationsfunktion beruht auf der Kombination von Transpositionen und Substitutionen: Bei der Transposition werden Positionen einzelner Zeichen der Nachricht gemäß einer vorgegebenen Chiffre miteinander vertauscht, bei der Substitution

C. Meinel, H. Sack, *Sicherheit und Vertrauen im Internet*, essentials,
DOI 10.1007/978-3-658-04834-1_5, © Springer Fachmedien Wiesbaden 2014

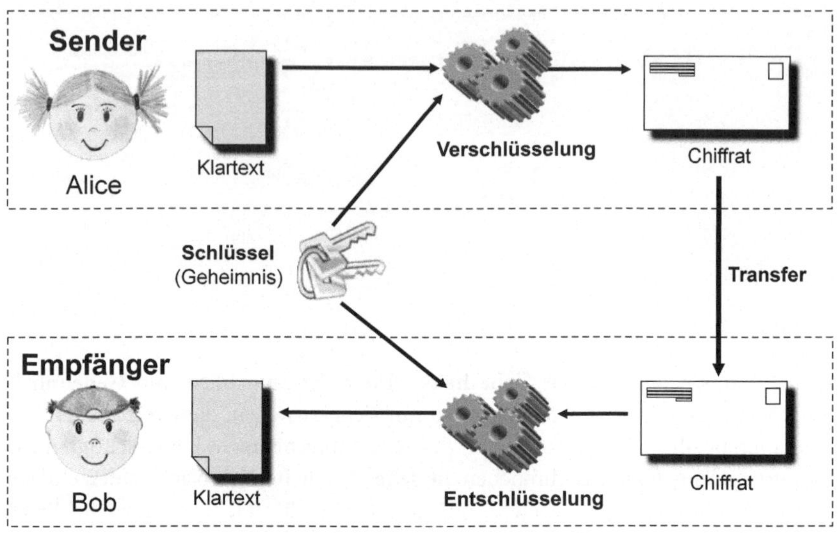

Abb. 5.1 Symmetrische Verschlüsselung (Secret Key Encryption)

werden einzelne Zeichen einer Nachricht gemäß einer vorgegebenen Chiffre durch andere Zeichen ersetzt. Um das Knacken der Verschlüsselung zu erschweren, werden die durch den Schlüssel gesteuerten Transpositionen und Substitutionen in bunter Folge und zahlreichen Durchgängen wiederholt angewandt.

Man unterscheidet zwei verschiedene Typen von symmetrischen Verschlüsselungsverfahren, nämlich Blockchiffren und Stromchiffren.

- **Blockchiffren:**
  Der Klartext wird in einzelne Zeichenblöcke fester Länge unterteilt. Die einzelnen Blöcke werden dann unabhängig voneinander mit demselben Schlüssel verschlüsselt und bilden zusammengenommen das Chiffrat.
- **Stromchiffren:**
  Zum Klartext wird ein ebenso langer Strom von Schlüsselzeichen generiert, mit dem dann der Klartext zeichenweise verschlüsselt wird.

Wichtige Beispiele für symmetrische Secret-Key-Verfahren, die auf Blockchiffren beruhen:

- **DES – Data Encryption Standard** wurde 1976 zum Standard der US-Regierung erklärt und hat sich zusammen mit der Entwicklung des Internet und seiner zahlreichen Anwendungen international sehr weit verbreitet. DES gilt heute

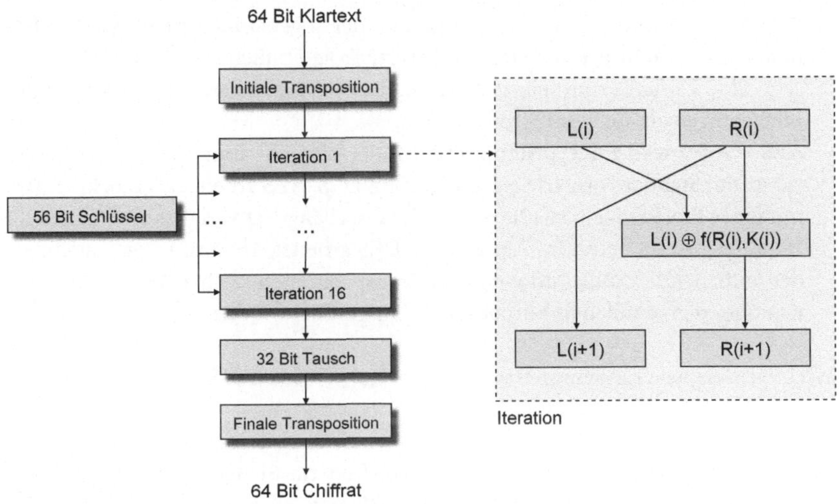

Abb. 5.2 Ablauf der DES Verschlüsselung

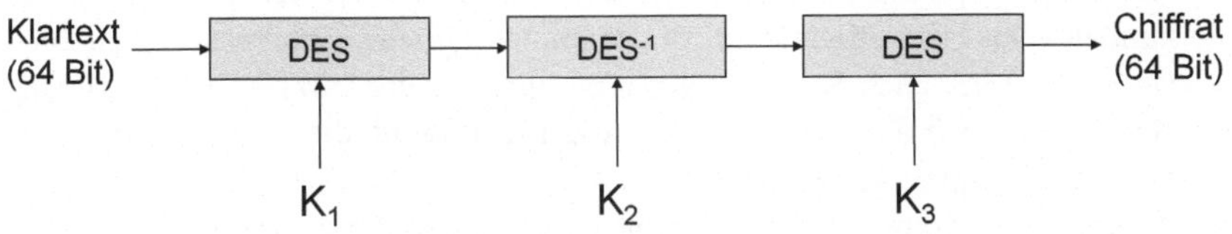

Abb. 5.3 Ablauf der Triple-DES Verschlüsselung

aber als unsicher, aufgrund seiner kurzen Schlüssellänge von effektiv nur 56 Bits (eigentlich 64 Bit aber jedes der 8 Bytes enthält ein Paritätsbit für Prüfzwecke). Die Abb. 5.2 soll lediglich eine grobe Vorstellung vermitteln, wie DES 64 Bit Klartext verschlüsselt. L(i) und R(i) stehen dabei für die linke bzw. die rechte Hälfte des in der i-ten Runde bearbeiteten 64-Bit Blocks.

- **Trippel-DES oder 3DES** entsteht durch Dreifachanwendung von DES, wobei sich die Schlüssellänge dabei nur verdoppelt (siehe Abb. 5.3). Triple-DES kann trotzdem zumindest heute noch als sicher angesehen werden. Trippel-DES hat verbreiteten Einsatz in der Bankenwelt und ihren Chipanwendungen gefunden.

- **IDEA – International Data Encryption Algorithm** besitzt eine Schlüssellänge von 128 Bit und wurde Anfang der 1990er Jahre in der Schweiz entwickelt. Trotz größerer Schlüssellänge lässt sich IDEA (aufgrund der geringeren Rundenzahl) effizienter berechnen als DES. IDEA hat verbreiteten Einsatz z. B. bei PGP (ab v2.0) gefunden und gilt heute noch als sicher.

- **RC2 bis RC6** sind verschiedene Varianten der sogenannten Rivest Cipher, benannt nach ihrem Erfinder Ronald Rivest. Trotz ähnlichem Namen verschlüsseln diese Verfahren auf sehr unterschiedliche Weise: es handelt sich sowohl um Blickchiffren als auch um Stromchiffren.
- **AES – Advanced Encryption Standard**, der offizielle und von der US-Regierung zum Standard erklärte Nachfolger von DES. AES arbeitet als Block-Chiffre mit einer Blocklänge von 128 Bit, die Schlüssellänge ist variabel und kann 128, 192 oder 256 Bit betragen. Ähnlich wie DES arbeitet AES mit Folgen aufeinander aufbauender Substitutionen und Transpositionen, wobei Rechenoperationen über dem endlichen Körper $GF(2^8)$ ausgeführt werden.

Wichtige Beispiele für symmetrische Secret-Key-Verfahren, die auf Stromchiffren beruhen:

- **A5** definiert drei Standards von Stromchiffren zur Sicherung der GSM-Kommunikation. Der Standard A5/1 wurde 1987 entwickelt und ist seit Anfang der 2000er Jahre praktisch geknackt. A5/2 ist eine abgeschwächte Version von A5/1 für den Export auch in Regionen, die zur Zeit des kalten Krieges mit einem High-Tech-Exportverbot belegt waren. Da A5/2 inzwischen in wenigen Sekunden geknackt werden kann, ist der Einbau in neue Mobiltelefone seit 2007 verboten. A5/3, auch KASUMI genannt, wird für die UMTS-Verschlüsselung verwendet. Auch für A5/3 sind erste Angriffe bekannt, die aber noch eine sehr hohe Zeitkomplexität besitzen.
- **RC4** ist eine Stromchiffre, bei der aus einem Schlüsselwort mit Hilfe einer sogenannten S-Box eine Zufallsfolge erzeugt wird. Bitweise werden dann der Klartext und diese Zufallsfolge per Boolescher XOR-Operation verschlüsselt. Wie alle Stromchiffren bietet RC4 keinen Integritätsschutz. Wenn auf dem Transportweg ein Bit der verschlüsselten Nachricht verändert wird, verändert sich auch das entsprechende Bit im Klartext. RC4 hat durch den Einsatz bei den Internetstandards HTTPS, SSH, WEP und WPA eine weite Verbreitung im Internet gefunden.

Auch wenn die Verschlüsselung mit AES heute aufgrund der Blocklänge und der zur Auswahl stehenden Schlüssellängen hinreichend Sicherheit bietet, besteht bei allen symmetrischen Verschlüsselungsverfahren das Problem der sicheren Weitergabe des geheimen Schlüssels, mit dem der Empfänger einer verschlüsselten Nachricht diese wieder in den Klartext umwandeln kann. Gelingt es einem Angreifer, in den Besitz des Schlüssels zu gelangen oder kooperiert einer der beiden Kommunikationspartner mit einem unberechtigten Dritten, dann ist der gesamte Verschlüs-

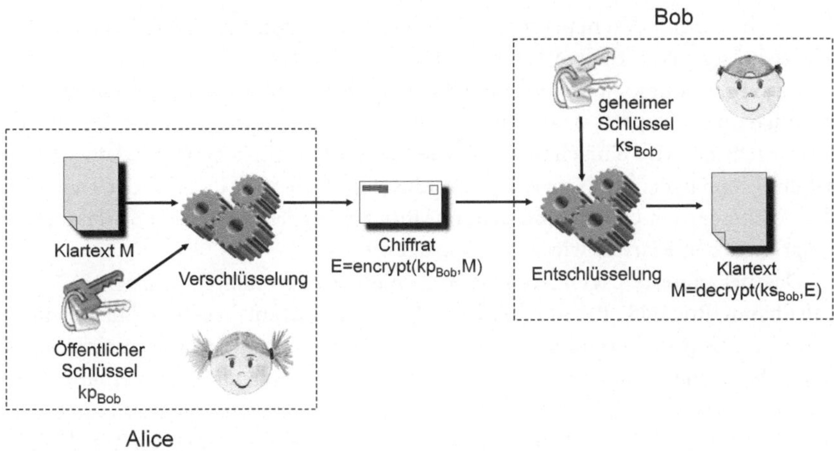

Abb. 5.4 Asymmetrische Verschlüsselung (Public Key Encryption)

selungsaufwand umsonst. Der Angreifer kann dann wie die beiden Kooperationspartner die Nachrichten leicht entschlüsseln.

Das Problem verschärft sich noch, wenn die Kommunikation mehrerer Parteien unabhängig voneinander abgesichert werden soll: Jedes potenzielle Teilnehmerpaar benötigt dann einen eigenen geheimen Schlüssel und die Anzahl der erforderlichen Schlüssel wächst quadratisch.

Einen Ausweg bieten hier asymmetrische Verschlüsselungsverfahren, bei denen jeder Teilnehmer lediglich zwei Schlüssel benötigt: einen öffentlichen und einen privaten Schlüssel.

5.2   Asymmetrische Verschlüsselungsverfahren mit öffentlichen Schlüsseln

Bei den erst in den 1970er Jahren entwickelten asymmetrischen Verschlüsselungsverfahren verwendet jeder Teilnehmer zwei verschiedene Schlüssel: einen öffentlichen Schlüssel und einen geheimen privaten Schlüssel. Während der private Schlüssel (bei sachgemäßer Handhabung) keinem außer dem Besitzer selbst zugänglich ist, wird der mit einem hochkomplexen, nicht rückgängig zu machenden mathematischen Verfahren aus dem privaten Schlüssel erzeugte öffentliche Schlüssel allen interessierten Kommunikationspartnern zur Verfügung gestellt (siehe Abb. 5.4). Die verwendeten Transformationsfunktionen haben nun die Eigenschaft, dass eine mit dem öffentlichen Schlüssel des Benutzers A verschlüsselte

Nachricht nur mit desem privaten Schlüssel wieder entschlüsselt werden kann. Da Rückschlüsse aus dem öffentlichen Schlüssel auf den zugehörigen privaten Schlüssel (praktisch) unmöglich sind, entfällt der bei den symmetrischen Verfahren notwendige und stets problematische Austausch des geheim zu haltenden Schlüssels: Eine Nachricht wird einfach mit dem jedermann zugänglichen öffentlichen Schlüssel des Empfängers der Nachricht verschlüsselt; er allein ist dann in der Lage, aus dem empfangenen Chiffrat mit dem nur ihm zugänglichen privaten Schlüssel den ursprünglichen Klartext wieder zurückzugewinnen.

Das bekannteste asymmetrische Verschlüsselungsverfahren wurde 1977 von Adi Shamir, Ronald L. Rivest und Leonard M. Adleman entwickelt und nach seinen Erfindern als RSA-Verfahren benannt. Es bietet ein vollständiges asymmetrisches Verschlüsselungsverfahren, das auch in den noch zu besprechenden Verfahren der digitalen Signatur zum Einsatz kommen kann. Die mathematische Idee hinter dem RSA-Verfahren basiert auf der Schwierigkeit der Faktorisierung riesiger Zahlen: Das Produkt n von zwei sehr großen (z. B. 1.000 stelligen) Primzahlen p und q kann effizient berechnet werden, aber es ist (zumindest auf dem aktuellen Stand von Wissenschaft und Technik) praktisch unmöglich, aus n die beiden Primteiler p und q zu bestimmen. Um das RSA-Verfahren zu knacken, muss der Angreifer die Zerlegung einer astronomisch großen Zahl finden. Natürlich kann er theoretisch versuchen, systematisch alle möglichen Zerlegungen auszuprobieren, um dann den zur Entschlüsselung einer asymmetrisch verschlüsselten Nachricht erforderlichen privaten Schlüssel des Empfängers zu ermitteln. Bei Schlüssellängen von bis zu 4.096 Bit wie im Falle von RSA ist das jedoch aufgrund des erforderlichen Zeitaufwandes vollkommen aussichtslos.

5.3   Hybride Verschlüsselungsverfahren

In Bezug auf ihre Komplexität ist die Verschlüsselung mit asymmetrischen Verfahren, wie z. B. RSA, im Vergleich zur Verschlüsselung mit symmetrischen Verfahren, wie z. B. Triple-DES oder AES, aufgrund der zugrundeliegenden, viel komplexeren Berechnungen um den Faktor 1.000 langsamer. Daher werden zur Verschlüsselung größerer Datenmengen sogenannte hybride Verschlüsselungsverfahren angewandt, die die Vorteile der beiden Methoden kombinieren, nämlich ohne vorherigen Austausch eines geheimen Schlüssels chiffrieren und große Datenmengen sehr schnell und effizient verschlüsseln zu können. Dabei wird zunächst ein asymmetrisches Verschlüsselungsverfahren genutzt, um einen geheimen Sitzungsschlüssel zwischen den Kommunikationspartnern sicher auszutauschen, den diese dann zur Verschlüsselung der Nachricht mit einem symmetrischen Verfahren nutzen.

Hybride Verschlüsselungsverfahren haben weite praktische Anwendung gefunden. Sie werden eingesetzt bei den Internetprotokollen TSL/SSL (und damit bei HTTPS) und IPsec (Basistechnik für Aufbau und Betrieb sogenannter VPNs – Virtual Private Networks – innerhalb des offenen Internets). Auch beim Verschlüsseln von E-Mails mit PGP oder GPG finden hybride Verschlüsselungsverfahren ihren Einsatz.

Authentifikation 6

Um einen Kommunikationspartner auf Seiten eines anderen Kommunikationspartners zu authentifizieren, muss seine Identität zweifelsfrei festgestellt werden.

Eine verlässliche Kommunikation über das offene Internet setzt voraus, dass
sich die Kommunikationspartner über ihre gegenseitige Identität im Klaren sind.
Da die Authentifikation über das Internet nur mit Hilfe des Austauschs von elektronischen Nachrichten über das offene, jedermann zugängliche Netzwerk hinweg
möglich ist, und nicht wie im physikalischen Leben ein gegenüberstehender Ge-
sprächspartner einfach anhand seiner biometrischen Merkmale (Gesicht, Stimme,
Statur,…) erkannt werden kann, braucht es zur Feststellung der Identität in der digitalen Welt spezielle Authentifikationsprotokolle. Diese basieren auf einem genau
geregelten Austausch von ganz bestimmten Informationen zwischen den Kommunikationspartnern, an dessen Ende die Identität eines (einseitige Authentifikation)
oder beider (zweiseitige Authentifikation) Kommunikationspartner zweifelsfrei
feststeht. Erst wenn ein solches Authentifikationsprotokoll erfolgreich abgearbei-
tet wurde und der oder die Kommunikationspartner authentifiziert sind, kann die
eigentliche Kommunikation beginnen.

6.1 Passwort-basierte Authentifikation

Betrachten wir zunächst, wie sich ein Benutzer gegenüber einem Computersystem
authentifiziert, das Zugang zu einem gesicherten Bereich gewährt, ohne dabei der
Frage nachzugehen, welchen möglichen Angriffen diese Authentifikationsmethode
ausgesetzt ist, wenn man sie zur Authentifikation von Kommunikationspartnern in
einem offenen Netzwerk wie dem Internet anwenden wollte.

Um sich bei einem Computersystem authentifizieren zu können, muss sich ein
interessierter Benutzer zunächst bei diesem anmelden. Dazu gibt er einen Benutzernamen an und ein nur ihm bekanntes Geheimnis, meist ist das ein geheimes

C. Meinel, H. Sack, *Sicherheit und Vertrauen im Internet*, essentials,
DOI 10.1007/978-3-658-04834-1_6, © Springer Fachmedien Wiesbaden 2014

Passwort. Das System speichert dieses Geheimnis zusammen mit dem Benutzernamen in einem von außen unzugänglichen Bereich. Will sich der Benutzer nun Zugang zum System verschaffen, behauptet er zunächst seine Identität, indem er seinen Benutzernamen angibt. Das System fragt ihn daraufhin nach dem Geheimnis, also typischerweise nach seinem Passwort. Da das „richtige", zum Benutzernamen gehörende Passwort (Geheimnis) nur diesem bekannt ist, nimmt das System die Eingabe des richtigen Passwortes als Beweis, dass es sich tatsächlich um den behaupteten Benutzer handelt. Es authentifiziert den Benutzer und gibt ihm Zugang zu den bei der Anmeldung vereinbarten Ressourcen.

An dieser Stelle wird deutlich, wie wichtig es ist, gute Passwörter zu wählen. Sind sie zu kurz oder zu einfach gebildet, dann können sie von Angreifern leicht erraten oder mit Hilfe sogenannter Password-Cracker schnell ermittelt werden. Ein gutes Passwort sollte Begriffe aus einem Wörterbuch vermeiden (die werden nämlich von Password-Crackern alle durchprobiert), mindestens acht Zeichen lang sein, alle Arten von Schreibweisen kombinieren (große, kleine Buchstaben, Zahlen, Sonderzeichen) und sich zum guten Merken am besten aus einem einfachen Merksatz ableiten lassen. Auch müssen Passwörter sicher verwahrt werden, dass sie nicht in die Hände unbefugter Dritter fallen und von diesen zum Identitätsklau, also zur unbefugten Authentifikation missbraucht werden können. Das System kann nämlich nicht unterscheiden, ob das Passwort vom eigentlichen Benutzer oder von einem unbefugten Dritten benutzt wird. Wird das richtige zum Benutzernamen gehörende Passwort eingegeben, sieht das System den zum Benutzernamen gehörenden Benutzer als authentifiziert an und gewährt Zugang zu den vereinbarten Ressourcen.

Bei der beschriebenen Authentifikation eines Benutzers über die Eingabe seines Passwortes wurde davon ausgegangen, dass keine Möglichkeit besteht, dass das Passwort auf seinem Weg vom Benutzer zum System verfälscht oder anderweitig manipuliert werden kann. Will man diese Authentifikationsmethode über das Internet anwenden, dann kann genau das nicht ausgeschlossen werden.

6.2 Weitere Authentifikationsprotokolle und mögliche Angriffe

Tatsächlich ist die Entwicklung zuverlässiger Authentifikationsverfahren schwieriger, als man zunächst denkt. Zum besseren Verständnis sollen die zu überwindenden Schwierigkeiten kurz dargestellt werden: Alice und Bob seien die beiden Kommunikationspartner, wobei Alice versucht, sich zuverlässig über ein offenes Internet bei Bob zu authentifizieren. Malory sei ein Angreifer im Netz, der versucht, die Identität von Alice zu missbrauchen und sich gegenüber Bob als Alice auszugeben:

- Der einfachste Ansatz für eine Authentifikation von Alice gegenüber Bob besteht darin, dass Alice einfach ihren Namen an Bob sendet *„Hallo, ich bin Alice".* Bob hat allerdings keine Möglichkeit nachzuprüfen, ob diese Meldung auch tatsächlich von Alice stammt, auch der Angreifer Malory kann ohne Schwierigkeiten eine identische Nachricht an Bob senden und so eine falsche Identität, nämlich die von Alice, vorspiegeln.
- Besitzt Alice eine eigene IP-Adresse und kennt Bob diese, dann könnte er einer Nachricht mit dem Namen von Alice immer dann Glauben schenken, wenn die empfangenen Datenpakete als Absenderadresse die IP-Adresse von Alice besitzen. Allerdings ist es für einen Angreifer im Internet aufgrund einer Schwäche im Design des IP-Protokolls leicht möglich, auch die Absenderadresse zu fälschen (IP-Spoofing). Datenpakete, die er selbst an Bob mit dem fälschlich behaupteten Namen von Alice sendet, kann er unter der Absenderadresse von Alice versenden. IP-Spoofing ließe sich vermeiden, wenn der erste Router, über den ein Teilnehmer die Daten ins Internet weiterleitet, immer so konfiguriert wäre, dass er nur Daten von einem Teilnehmer weiterleitet, die mit seiner originalen IP-Adresse als Absender versehen sind (vgl. RFC 2267).
  Da aber von einer solchen Konfiguration nicht allgemein ausgegangen werden kann, bietet die Überprüfung der IP-Adressen alleine keine sichere Authentifizierung.
- Auch der klassische Ansatz zur Authentifikation über die Verwendung eines geheimen Passworts, das nur die beteiligten Kommunikationspartner kennen, führt bei einer Kommunikation über ein offenes Netzwerk wie dem Internet, nicht zum Ziel. Angenommen, Alice sendet an Bob zusammen mit ihrem Namen ein geheimes Passwort, das nur Bob und sie kennen. Kann Bob dann sicher sein, dass es sich bei seinem Kommunikationspartner tatsächlich um Alice handelt? Da ein Angreifer in einem offenen Netz die Möglichkeit hat, den gesamten Datenverkehr zwischen Alice und Bob abzuhören (Packet-Sniffing), kann er das von Alice an Bob gesendete geheime Passwort aufzeichnen und es in einer späteren eigenen Kommunikation mit Bob unberechtigt verwenden und sich so gegenüber Bob als Alice ausgeben (Playback-Angriff). Da Internetprotokolle, wie z. B. telnet, aufgrund einer frühen Designschwäche Passwörter sogar im Klartext übertragen, stellt dieses Szenario tatsächlich eine reale Bedrohung dar.
- Als nächstes könnten Alice und Bob ein gemeinsames symmetrisches Verschlüsselungsverfahren vereinbaren, um das Passwort von Alice verschlüsselt zu übertragen. Da Alice jetzt nicht nur ihr Passwort, sondern auch noch den gemeinsamen geheimen Schlüssel verwendet, ist Bob geneigt, umso fester an

Alices Identität zu glauben. Aber auch in diesem Szenarium bietet der eben beschriebene Playback-Angriff dem Angreifer die Möglichkeit, das abgehörte (unverstandene) verschlüsselte Password für eine fälschliche Authentifikation als Alice gegenüber Bob zu verwenden. Die Verschlüsselung hilft da gar nichts.

- Der Playback-Angriff funktioniert nur, wenn Alice stets dasselbe Passwort verwendet. Eine einfache Art der Abwehr dieses Angriffs besteht deshalb darin, dass Alice und Bob jedes Passwort nur einmal einsetzen und in jeder Kommunikation ein neues Passwort (Einmalpasswort) verwenden. Dazu müssen sie sich bereits im Voraus über eine ganze Serie von Passwörtern miteinander verständigt und diese Passwortliste sicher ausgetauscht haben.

6.3   Sicheres Authentifikationsprotokoll

Tatsächlich lösen lässt sich das Authentifikationsproblem in einem offenen Netz, wenn man eine ähnliche Technik einsetzt, wie sie beim sicheren Aufbau einer Verbindung im Internet durch das TCP-Protokoll vermittels eines Drei-Wege Handshakes zum Einsatz kommt: Um sicherzustellen, dass bei einer Verbindungsaufnahme (SYN) über das TCP-Protokoll kein altes SYN-Segment aus einer früheren Verbindung verwendet wird, erhält jedes Segment eine Sequenznummer. Beim Start einer Verbindung wird dazu ein Zufallswert (auch Nonce genannt) als Sequenznummer für das SYN-Segment des Senders gewählt, auf das der Empfänger mit einem ACK-Segment mit derselben Sequenznummer reagiert, damit der Sender die korrekte Übertragung seiner Sequenznummer überprüfen kann. Ein derartig verwendeter Zufallswert darf dabei lediglich ein einziges Mal verwendet werden.

Eine Authentifikation mit Hilfe eines Nonce-Wertes und eines symmetrischen Verschlüsselungsverfahrens läuft folgendermaßen ab (siehe auch Abb. 6.1):

1. Alice sendet die Nachricht „*Hallo, ich bin Alice.*" an Bob.
2. Bob wählt einen Nonce-Wert R und sendet diesen zurück an Alice, um festzustellen, ob Alice tatsächlich „live" dabei ist.
3. Alice verschlüsselt den Nonce-Wert R mit dem geheimen Schlüssel k, den Alice und Bob zuvor festgelegt haben, und sendet k(R) an Bob zurück.
4. Bob kann k(R) entschlüsseln und erkennt seinen Nonce-Wert R. Weil außer ihm nur Alice den geheimen Schlüssel k kennt und verwendet, weiß er, dass Alice' Identität korrekt ist. Da Alice den korrekten Nonce-Wert zurücksendet, kann Bob davon ausgehen, dass Alice auch tatsächlich „live" antwortet und dass es sich nicht um eine Playback-Attacke handelt.

Bob hat Alice also erfolgreich und sicher authentifiziert.

Anstelle eines symmetrischen Verschlüsselungsverfahrens kann in diesem Szenario natürlich auch ein asymmetrisches Verschlüsselungsverfahren mit einem öf-

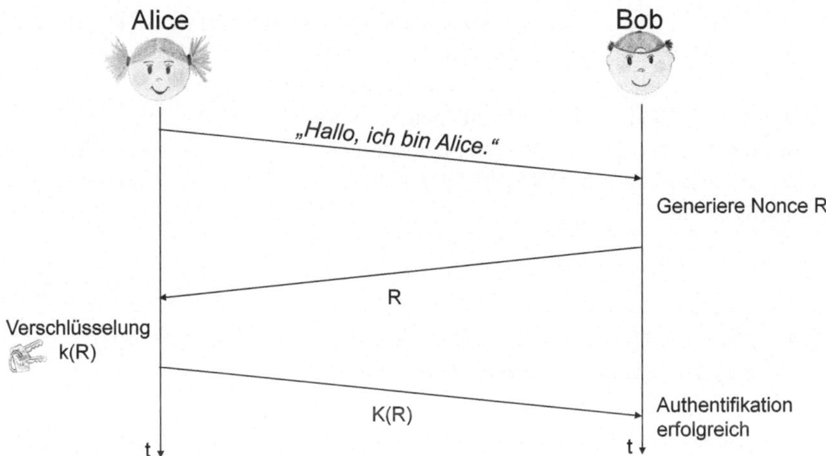

Abb. 6.1 Authentifikation mit Hilfe eines Nonce-Wertes und eines symmetrischen Verschlüsselungsverfahrens

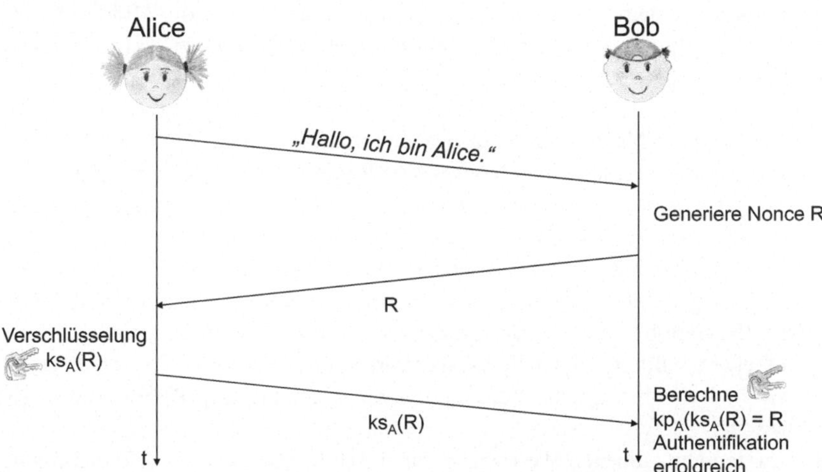

Abb. 6.2 Authentifikation mit Hilfe eines Nonce-Wertes und eines asymmetrischen Verschlüsselungsverfahrens

fentlichen Schlüssel zum Einsatz kommen. Das entsprechende Protokoll sieht dann folgendermaßen aus (siehe Abb. 6.2):

1. Alice sendet die Nachricht *„Hallo, ich bin Alice.“* an Bob.
2. Bob wählt einen Nonce-Wert R und sendet diesen zurück an Alice, um festzustellen, ob Alice auch tatsächlich „live“ an der Kommunikation teilnimmt.

3. Alice verschlüsselt den Nonce-Wert R mit ihrem privaten Schlüssel ks_A und sendet $ks_A(R)$ an Bob zurück. Da nur Alice ihren privaten Schlüssel kennt, kann keiner außer Alice den Wert $ks_A(R)$ erzeugen.

4. Bob verschafft sich Alices öffentlichen Schlüssel kp_A, wendet den vereinbarten asymmetrischen Entschlüsselungsalgorithmus auf die empfangene Nachricht $ks_A(R)$ an und berechnet $kp_A(ks_A(R))$. Gilt $kp_A(ks_A(R)) = R$, ist Alice erfolgreich authentifiziert.

6.4 Man-in-the-Middle Attacke gegen Authentifikation mit asymmetrischer Verschlüsselung

Wie immer bei der Anwendung asymmetrischer Verfahren stellt sich auch bei einer Authentifikation mit asymmetrischer Verschlüsselung das Problem des sicheren Zugriffs auf den (unverfälschten) öffentlichen Schlüssel eines Kommunikationspartners. Um dieses Problem zu verdeutlichen, sehen wir uns das folgende Szenario an, in dem es einem Angreifer über eine sogenannte Man-in-the-Middle-Attacke tatsächlich gelingt, sich gegenüber Bob erfolgreich als Alice zu authentifizieren (siehe auch Abb. 6.3):

1. Der Angreifer Mallory sendet die Nachricht *„Hallo, ich bin Alice.“* an Bob.

2. Bob wählt wie gehabt einen Nonce-Wert R und sendet diesen zurück an Alice, um festzustellen, ob Alice auch tatsächlich „live“ an der Kommunikation teilnimmt. Diese Nachricht wird vom Angreifer abgefangen.

3. Der Angreifer Mallory wendet jetzt zur Verschlüsselung von R den Verschlüsselungsalgorithmus mit dem eigenen privaten Schlüssel ks_M an und sendet $ks_M(R)$ an Bob zurück. Da der empfangene Wert für Bob zunächst lediglich eine unbekannte Bitfolge darstellt, kann er vorerst nicht unterscheiden, ob diese von Alice oder vom Angreifer stammt, d. h. ob es sich um $ks_M(R)$ oder um $ks_A(R)$ handelt.

4. Um den empfangenen Wert wieder zu entschlüsseln, benötigt Bob den öffentlichen Schlüssel kp_A von Alice. Den muss er sich besorgen, z. B. durch Nachfrage bei Alice oder downloaden von ihrer Website. Der Angreifer Mallory kann diese Anforderung abfangen und Bob stattdessen seinen eigenen öffentlichen Schlüssel kp_M unterschieben. Bob wendet den Entschlüsselungsalgorithmus zusammen mit dem empfangenen öffentlichen Schlüssel kp_M auf die erhaltene Nachricht an und es ergibt sich bei der Entschlüsselung $kp_M(ks_M(R)) = R$ (wenn die Nachrichten fehlerfrei übertragen wurden). Bob ist sich deshalb fälschlicherweise sicher, Alice korrekt authentifiziert zu haben, obwohl er unwissentlich mit dem Angreifer kommuniziert.

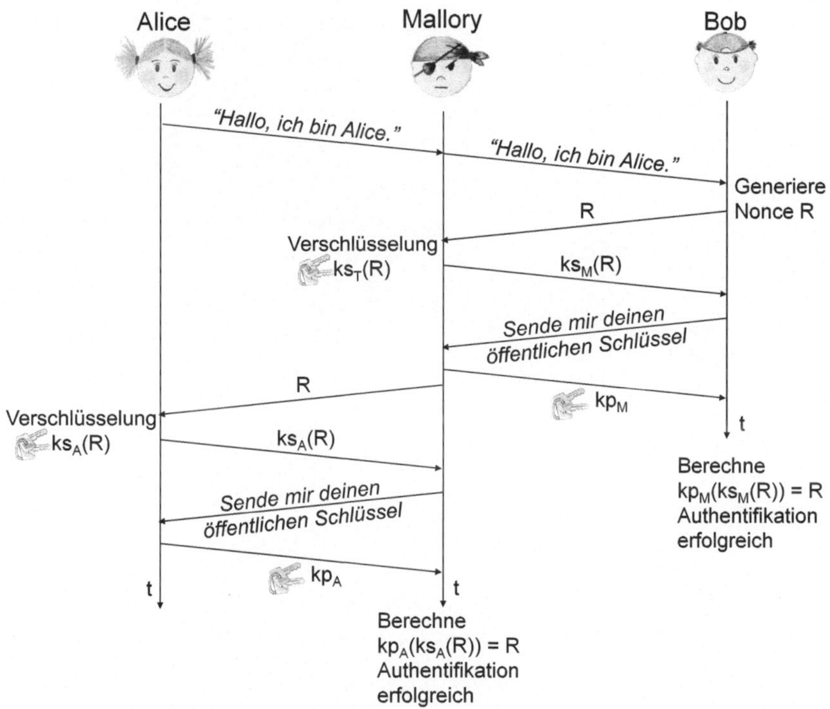

Abb. 6.3 Angriff in der Authentifikationsphase einer Kommunikationsbeziehung

Ein derartiger Angriff kann dann entdeckt werden, wenn Bob gegenüber Alice behauptet, sie hätten miteinander kommuniziert, während Alice weiß, dass dies nicht der Fall war. Verfährt der Angreifer Mallory allerdings gegenüber Alice ebenso wie gegenüber Bob, dann kann es ihm gelingen, sich transparent, also von beiden unbemerkt („durchsichtig") in die Kommunikationsbeziehung zwischen Alice und Bob einzuschleichen und diese nach Belieben zu manipulieren. Abbildung 6.3 zeigt, wie Angreifer Mallory gegenüber Alice vortäuscht, Bob zu sein, und umgekehrt Bob vortäuscht, dass er Alice ist.

Eine andere Möglichkeit zur Sicherung der Authentizität einer Nachricht gegenüber den beschriebenen Angriffen ist die sogenannte Second-Channel-Kommunikation, bei der ein Teil der Identifizierungsdaten über einen separaten zweiten Kanal übertragen wird, wie z. B. Versand einer SMS beim mobile TAN (mTAN) Verfahren.

Digitale Signaturen 7

Im täglichen Leben dient eine handschriftliche Unterschrift dazu, den Inhalt eines Dokuments zu bestätigen oder sich mit dem Inhalt eines Dokumentes – z. B. bei einem Vertrag – einverstanden zu erklären. Auch im Internet und in der digitalen Welt besteht der Wunsch, das Einverständnis mit dem Inhalt eines Dokuments unzweifelhaft zu dokumentieren, dessen Korrektheit zu bestätigen oder Urheberschaft bzw. Besitz eines Dokuments sicher nachzuweisen. Tatsächlich stehen für diese Zwecke kryptografische Verfahren bereit, die sogenannten digitalen Signaturen.

Wie an die eigenhändige Unterschrift werden an solche digitale Signaturen die folgenden Ansprüche gestellt: Digitale Signaturen müssen

- überprüfbar,
- fälschungssicher und
- verbindlich

sein. Es muss unzweifelhaft sichergestellt sein, dass der Unterzeichner eines Dokuments auch wirklich der ist, für den er sich ausgibt. Auf der anderen Seite soll ein Unterzeichner später auch niemals abstreiten können, ein Dokument digital signiert zu haben. Tatsächlich lassen sich auch diese Anforderungen an eine digitale Signatur mit Hilfe von Methoden der modernen Kryptografie vermittels asymmetrischer Verschlüsselungsverfahren gewährleisten.

7.1 Datenintegrität und Authentizität

Die einfache Grundidee einer digitalen Signatur besteht aus folgendem: Um die Authentizität von Alice und die Integrität einer Nachricht M, die Alice an Bob senden will, überprüfbar zu machen, verschlüsselt Alice M vermittels eines asymmet-

C. Meinel, H. Sack, *Sicherheit und Vertrauen im Internet*, essentials,
DOI 10.1007/978-3-658-04834-1_7, © Springer Fachmedien Wiesbaden 2014

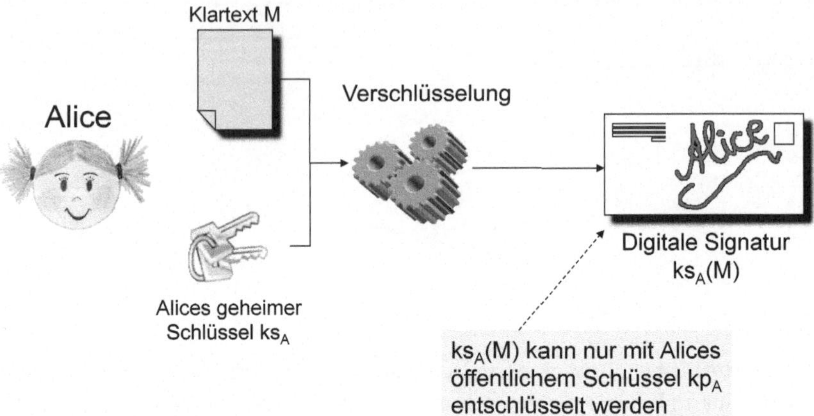

Abb. 7.1 Erzeugung einer digitalen Signatur für eine Nachricht

rischen Verschlüsselungsverfahren mit ihrem privaten Schlüssel ks$_A$. Der Chiffretext ks$_A$(M) wird **digitale Signatur von M** genannt. Diese digitale Signatur ks$_A$(M) sendet Alice zusammen mit der Nachricht M an Bob, der nun sicher überprüfen kann, ob die Nachricht wirklich von Alice kommt und auf ihrem Transport durch das offene Internet nicht verfälscht oder beschädigt wurde (siehe Abb. 7.1).

Tatsächlich erfüllt diese einfache Form der digitalen Signatur die Anforderungen an ein Pendant zur handschriftlichen Signatur: Bob kann sowohl überprüfen, ob Alice tatsächlich der Absender der Nachricht war (Authentizität) als auch dass die Nachricht unverfälscht übermittelt wurde (Integrität). Er muss lediglich den entsprechenden Entschlüsselungsalgorithmus zusammen mit Alices öffentlichem Schlüssel kp$_A$ auf die Signatur ks$_A$(M) anwenden und kp$_A$(ks$_A$(M)) berechnen. Erhält er dabei die Nachricht M, die Alice zusammen mit der Signatur an ihn geschickt hat, dann kann Bob sicher sein, dass Alice die Urheberin und Unterzeichnerin der empfangenen Nachricht ist: kp$_A$(ks$_A$(M)) = M kann nämlich nur dann gelten, wenn die empfangene digitale Signatur ks$_A$(M) mit Alices geheimem Schlüssel ks$_A$ verschlüsselt wurde.

Der einzigen Person aber, der (bei sachgemäßem Umgang) dieser Schlüssel zugänglich ist, ist Alice. Sie ist die Einzige, die die Nachricht M in dieser Form digital „signieren" konnte. Gleichzeitig ist mit der digitalen Signatur aber auch die Integrität der Nachricht sichergestellt: Eine Beschädigung oder Manipulation von M auf dem Transportweg fällt sofort auf, weil dann die entschlüsselte Signatur nicht mehr mit der empfangene Nachricht übereinstimmt.

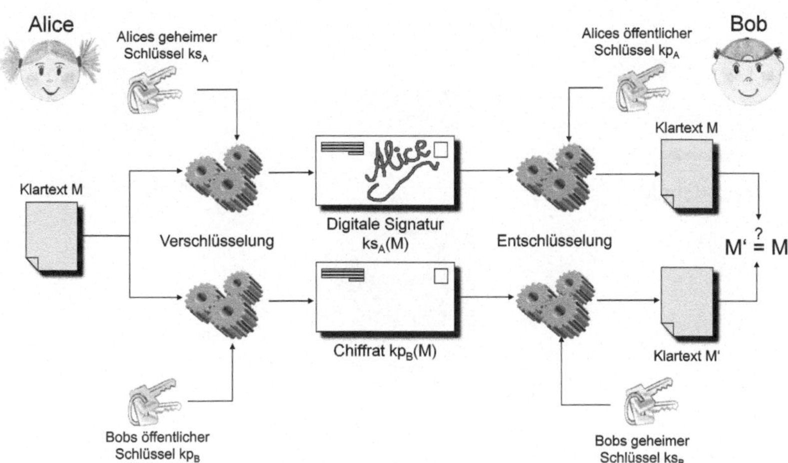

Abb. 7.2 Überprüfung der Integrität einer Nachricht mit Hilfe der digitalen Signatur

Um die Nachricht M vor fremden Einblick zu schützen, kann Alice die Nachricht M zusätzlich mit dem öffentlichen Schlüssel kp_B von Bob verschlüsselt als $kp_B(M)$ übertragen. Beim Empfang entschlüsselt Bob $kp_B(M)$ mit seinem geheimen Schlüssel ks_B und erhält die originale Nachricht $M = ks_B(kp_B(M))$. Vergleicht er diese Nachricht M mit der entschlüsselten digitalen Signatur $M = kp_A(ks_A(M))$, so kann er feststellen, ob der Inhalt der ursprünglichen Nachricht M im Laufe der Übertragung manipuliert worden ist.

Allerdings gibt es neben dem schon erwähnten Trustproblem bei asymmetrischen Verschlüsselungsverfahren, nämlich der Frage nach der sicheren Zuordnung von öffentlichen Schlüsseln zu ihren Nutzern, bei der vorgestellten sehr einfachen Variante einer digitalen Signatur zwei gravierende Probleme: Zum einen besitzen asymmetrische Verschlüsselungsverfahren eine um den Faktor 1.000 höhere Berechnungskomplexität als symmetrische Verschlüsselungsverfahren. Die Berechnung einer auf der Verschlüsselung des gesamten Dokuments beruhenden digitalen Signatur ist, wenn das Dokument groß ist, viel zu aufwändig. Zum anderen kann nicht sichergestellt werden, dass der Inhalt der Nachricht geheim bleibt. Alices digitale Signatur kann nämlich stets mit Alices öffentlichem Schlüssel, der jedermann zugänglich ist, dechiffriert und der Inhalt der Originalnachricht offengelegt werden. Zur Lösung dieser beiden Probleme wird als Ausgangspunkt für eine digitale Signatur nicht die Originalnachricht selbst sondern ein sehr kurzes Derivat der Nachricht, ein sogenannter **Message Digest**, gewählt, der diese möglichst eindeutig identifiziert, aber keinerlei Rückschlüsse auf den Inhalt der Nachricht selbst erlaubt (siehe Abb. 7.2).

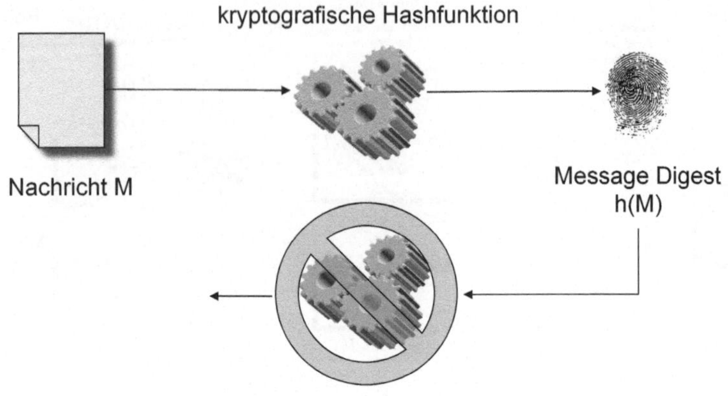

Abb. 7.3 Hashfunktion zur Erzeugung eines Message Digests

7.2 Message Digest

Nicht nur, dass die Erzeugung einer digitalen Signatur in der zuvor beschriebenen Weise sehr berechnungsaufwändig ist, auch das zu kommunizierende Datenvolumen verdoppelt sich: Neben der eigentlichen Nachricht selbst muss auch ihre digitale Signatur übermittelt werden. Tatsächlich lässt sich das Verfahren vermittels einer weiteren kryptografischen Technik, nämlich vermittels kryptografischer Hashfunktionen und Message Digest, wesentlich effizienter gestalten. Die digitale Signatur soll ja lediglich die Identität des Absenders sicherstellen und dem Empfänger die Möglichkeit bieten, festzustellen, dass eine empfangene Nachricht bei ihrem Transport über das offene Internet nicht unabsichtlich verändert oder absichtlich manipuliert wurde.

Eine **kryptografische Hashfunktion** h erzeugt aus der zu versendenden Nachricht M einen möglichst kurzen „Fingerabdruck", den sogenannten Message Digest h(M) der Nachricht (siehe Abb. 7.3). Die Verwendung von kryptografischen Hashfunktionen bei der Berechnung der Message Digest stellt dabei sicher, dass

1. der Message Digest h(M) eine feste Länge besitzt, z. B. $|(h(M))| = 128$ Bit, die unabhängig von der Länge der Nachricht M ist,
2. es wohl leicht ist, zu M den Wert h(M) zu berechnen, aber praktisch unmöglich (d. h. nur mit astronomischem Aufwand), aus dem Message Digest h(M) die ursprüngliche Nachricht M zurückzugewinnen und

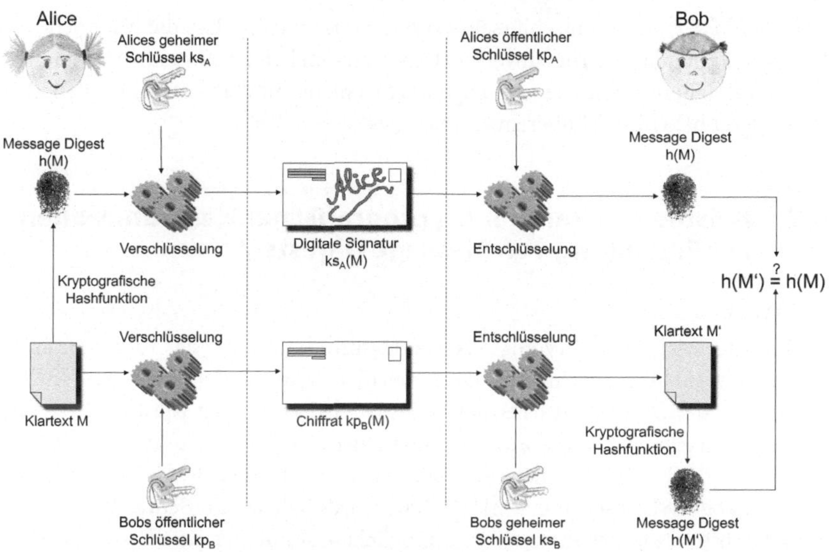

Abb. 7.4 Verwendung von digitaler Signatur und Message Digest

3. es mit vertretbarem Aufwand unmöglich ist, zur Nachricht M eine verfälschte Nachricht N zu konstruieren, so dass $h(M) = h(N)$ gilt.

Die Nachricht M kann nun viel effizienter signiert werden, wenn anstelle von M nur der Message Digest $h(M)$ asymmetrisch verschlüsselt wird. Tatsächlich kann der mit Alices Schlüssel ks_A verschlüsselte Message Digest $ks_A(h(M))$ als digitale Signatur verwendet werden, wie die folgende Überlegung zeigt: Angenommen Alice will Bob eine signierte Nachricht M schicken. Dann berechnet sie zunächst den Message Digests $h(M)$ mit einer ausgewiesenen kryptografischen Hashfunktion und verschlüsselt $h(M)$ dann mit einem ebenfalls ausgewiesenen asymmetrischen Verschlüsselungsverfahren und ihrem geheimen Schlüssel ks_A. Zusammen mit der Originalnachricht M sendet sie nun Bob $ks_A(h(M))$ als Signatur. Bob empfängt M zusammen mit der Signatur $ks_A(h(M))$. Um die Authentizität von Alice und die Integrität von M zu überprüfen, berechnet Bob einerseits mit der auch ihm bekannten Hashfunktion h den Message Digest $h(M')$ der Nachricht M', die er empfangen hat, und andererseits entschlüsselt er mit dem öffentlichen Schlüssel kp_A von Alice die Signatur $ks_A(h(M))$. Gilt $kp_A(ks_A(h(M))) = h(M')$, dann ist Bob sicher, dass (1) die Signatur von Alice stammt, denn sie ist die Einzige, die den Message Digest so (mit ihrem geheimen Schlüssel) verschlüsseln konnte, dass er mit ihrem öffentlichen Schlüssel wieder entschlüsselt werden kann, und (2) dass die Nachricht den Transport über das Internet unversehrt überstanden hat, ansonsten würde nämlich der von Bob berechnete Message Digest h(M′) nicht mit dem entschlüsselten Message Digest h(M) von M übereinstimmen (siehe Abb. 7.4).

7.3   Beispiele bekannter kryptografischer Hashfunktionen zur Erzeugung von Message Digests

- **SHA-1**

  Eine der wichtigsten kryptografischen Hashfunktionen ist der Secure Hash Algorithm (SHA-1), der in RFC 4634 spezifiziert und ab 1991 von der NSA im Auftrag der US-Standardisierungsbehörde NIST entwickelt wurde. SHA-1 wird von allen gängigen Web-Browsern unterstützt, ist Teil des Pretty Good Privacy Protokolls (PGP) für sicheren E-Mail-Datenverkehr und Bestandteil der Interprotokolle SSL, IPsec und S/MIME. 2004 wurde jedoch eine Schwäche der SHA-1 Hashfunktion bekannt, die es ermöglichen könnte, einen SHA-1 Hashwert mit der in naher Zukunft zur Verfügung stehenden Rechenpower zu brechen. Daher rät die NIST von einer weiteren Verwendung von SHA-1 ab. Aufbauend auf SHA-1 wurden inzwischen die (noch) sicheren Hashfunktionen SHA-224, SHA-256, SHA-384 und SHA-512 entwickelt, wobei die Zahlen hinter dem Bindestrich den Bitlängen der jeweils erzeugten Hashwerte entsprechen.

- **MD-4**

  Der Message Digest Algorithmus 4 (MD4) wurde 1990 von Ronald L. Rivest veröffentlicht und in RFC 1320 spezifiziert. MD4 liefert 128 Bit lange Hashwerte und ist leicht und berechnungseffizient implementierbar. Die Arbeitsweise ist der von SHA-1 sehr ähnlich (SHA-1 basiert auf dem Algorithmus von MD4). Allerdings konnte nachgewiesen werden, dass MD4 gravierende Sicherheitsmängel aufweist.

- **MD-5**

  Die festgestellten Sicherheitsmängel an MD4 veranlassten Rivest bereits 1991, eine verbesserte Version seines Message Digest Algorithmus vorzustellen, das MD5 Hashverfahren (RFC 1321). Sowohl SHA-1 als auch MD5 sind Weiterentwicklungen von MD4 und sich daher sehr ähnlich. Im Gegensatz zu SHA-1 liefert MD5 nur einen Hashwert der Länge 128 Bit. Obwohl 128 Bit heute gerade noch als untere Grenze für sichere Hashwertberechnungen gelten, kommt MD5 aufgrund der geringen Hashwertlänge nur noch selten zum Einsatz.

- **RIPEMD-160**

  Eine wichtige Alternative zu SHA-1 ist derzeit RIPEMD-160, eine Weiterentwicklung der Hashfunktion RIPEMD, die 1992 im Rahmen eines EU-Projekts entwickelt wurde. Die Hashwertlänge beträgt bei RIPEMD-160 Bit. Neben RI-PEMD-160 gibt es noch die Varianten RIPEMD-120, RIPEMD-256 und RI-PEMD-320. Da RIPEMD-160 bislang noch keine kryptografischen Schwächen offenbart hat, gilt es derzeit als erste Wahl unter den kryptografischen Hashfunktionen.

7.4   Angriffe auf kryptografische Hashfunktionen

Angriffe auf kryptografische Hashfunktionen können den jeweils verwendeten Algorithmus völlig außer Acht lassen, diesen lediglich als Black-Box behandeln und sich ausschließlich auf die Länge des von der Hashfunktion gelieferten Hashwertes konzentrieren. Angreifer wählen zufällig eine Nachricht und vergleichen deren Hashwert mit dem einer vorgegebenen Nachricht. Dieser Angriff wird als Substitutionsattacke bezeichnet und läuft wie folgt ab: Der Angreifer fängt eine signierte Nachricht von Alice an Bob ab, also die Nachricht zusammen mit ihrem verschlüsselten kryptografischen Hashwert. Die verwendete kryptografische Hashfunktion besitzt Hashwerte der Länge n Bit. Der Angreifer erzeugt nun eine eigene Nachricht, die er Bob unter der Identität von Alice unterschieben möchte. Von dieser Nachricht erzeugt er durch einfache, sinnerhaltende Ersetzungen 2^n Varianten, z. B. durch Hinzufügen von bedeutungslosen Füllwörtern, und berechnet die zugehörigen 2^n Hashwerte. Der Hashwert einer der gefälschten Nachrichten muss aus kombinatorischen Gründen mit dem Hashwert der ursprünglich abgefangenen Nachricht übereinstimmen. Der Angreifer schickt genau diese gefälschte Nachricht zusammen mit der abgefangenen Signatur von Alice an Bob, der den Betrug nicht erkennen kann.

Geht man davon aus, dass der Angreifer für eine erfolgreiche Attacke im Schnitt die Hälfte aller möglichen Hashwert/Nachricht-Paare, also 2^{n-1} Hashwerte erzeugen muss, dann sind bei einer Hashwertlänge von 160 Bits allerdings astronomisch viele, nämlich $2^{159} = 7,3 \times 10^{47}$ Hashwerte zu bilden. Übrigens funktioniert dieser Angriff bei allen kryptografischen Hashfunktionen und bei jeder Art von Nachricht.

Hat der Angreifer darüber hinaus die Möglichkeit, Alice eine Variante ihrer eigenen Nachricht vor dem Signieren unterzuschieben, verringert sich die Zahl der notwendigen Hashberechnungen dramatisch. Dieses Phänomen wird auch als Geburtstagsparadoxon bezeichnet. Der Angreifer braucht hier nur $2^{n/2}$ bedeutungsäquivalente, unterschiedliche Nachrichtenvarianten erzeugen, die er Alice unterschiebt und $2^{n/2}$ gefälschte Varianten. Findet er eine Hashwertäquivalenz zwischen einer originalen und einer gefälschten Variante, gibt er die originale Variante Alice zum Signieren und Versenden, fängt die signierte Nachricht ab und ersetzt sie durch die eigene, gefälschte Nachricht mit derselben Signatur.

Angriffe auf kryptografische Hashfunktionen können sich aber auch gegen das verwendete Berechnungsverfahren, die Kompressionsfunktion selbst richten. Bei Hashfunktionen, die auf einer Blockchiffre basieren, kann sich der Angriff gegen die zugrundeliegende Blockchiffre richten. Eine weitere Quelle für Angriffe bieten Schwachstellen in den verschiedenen Implementierungen der einzelnen Hashverfahren, die von Angreifern zur Kompromittierung des entsprechenden Verfahrens ausgenutzt werden können.

Public Key Infrastrukturen und Zertifikate

8

Sowohl symmetrische als auch asymmetrische Verschlüsselungsverfahren können nur zuverlässig betrieben werden, wenn ein sicherer Austausch der Schlüssel bzw. eine sichere Zuordnung der öffentlichen Schlüssel gewährleistet ist. Bei symmetrischen Verfahren müssen die geheimen Schlüssel zwischen den beiden beteiligten Kommunikationspartnern ausgetauscht werden, damit die verschlüsselt versendeten Nachrichten auf der anderen Seite wieder entschlüsselt werden können. Obwohl das bei asymmetrischen Verfahren nicht notwendig ist, muss hier sichergestellt werden, dass der öffentliche Schlüssel eines Kommunikationsteilnehmers tatsächlich auch zu diesem gehört und nicht zu einem Angreifer, der versucht, sich unter einer falschen Identität in eine vertrauliche Kommunikation einzuschleichen. Ein sicherer Schlüsselaustausch bzw. die sichere Schlüsselzuordnung kann durch die Einschaltung eines vertrauenswürdigen Dritten (Trusted Third Party) gewährleistet werden.

Bei einem symmetrischen Verschlüsselungsverfahren wird ein vertrauenswürdiger Dritte auch als Schlüsselverteilzentrum (Key Distribution Center, KDC) bezeichnet. Das KDC verwaltet die geheimen Schlüssel, die für eine sichere Kommunikation über ein symmetrisches Verschlüsselungsverfahren notwendig sind und stellt eine sichere und zuverlässige Verteilung sicher, ohne dass sich unberechtigte Dritte Zugang zu einem der geheimen Schlüssel verschaffen können.

Bei einem asymmetrischen Verschlüsselungsverfahren dagegen muss das schon mehrfach erwähnte Trustproblem gelöst werden, muss also garantiert werden, dass ein öffentlicher Schlüssel tatsächlich zu einem Kommunikationsteilnehmer gehört. Das kann mit Hilfe von digitalen Zertifikaten bewerkstelligt werden, die von einem vertrauenswürdigen Dritten, einer sogenannten Zertifizierungsstelle (Certificate Authority oder Trust Center) ausgestellt und digital signiert werden. In der Regel bilden solche Zertifizierungsstellen eine hierarchische Struktur mit einer Wurzelinstanz an der Spitze, verschiedenen untergeordneten Instanzen und den Nutzern. Eine derartige Hierarchie von Zertifizierungsstellen zusammen mit sämtlichen

C. Meinel, H. Sack, *Sicherheit und Vertrauen im Internet*, essentials, 35
DOI 10.1007/978-3-658-04834-1_8, © Springer Fachmedien Wiesbaden 2014

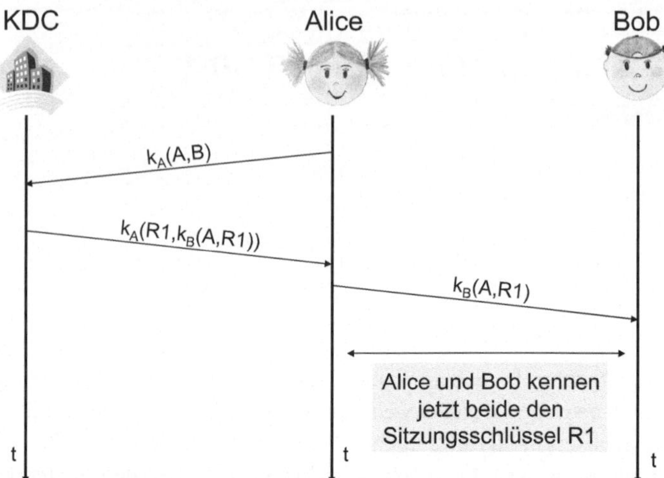

Abb. 8.1 Erzeugung und sichere Verteilung eines gemeinsamen geheimen Sitzungsschlüssels für Alice und Bob über ein Schlüsselverteilzentrum (KDC)

dazugehörigen datentechnischen (z. B. Zertifikatsformate) und organisatorischen Festlegungen (Security Policies) wird als Public Key Infrastruktur (PKI) bezeichnet und ist Voraussetzung für den sicheren Einsatz von asymmetrischen Verschlüsselungsverfahren.

8.1   Schlüsselverteilzentrum (KDC)

Schlüsselverteilzentren (KDC) organisieren für registrierte Nutzer den sicheren Austausch von geheimen Schlüsseln für die Verwendung eines symmetrischen Verschlüsselungsverfahrens. Bei der Registrierung müssen interessierte Teilnehmer ihre Identität nachweisen und einen geheimen Schlüssel hinterlegen. Das KDC verfügt so für jeden registrierten Nutzer über dessen geheimen Schlüssel. Wollen nun Alice und Bob miteinander kommunizieren, dann kennen anfangs beide jeweils nur ihre eigenen geheimen Schlüssel, d. h. Alice verfügt über den Schlüssel k_A und Bob über den Schlüssel k_B. Ein gemeinsamer geheimer Sitzungsschlüssels für Alice und Bob wird nun in folgender Weise erzeugt und sicher verteilt (siehe Abb. 8.1):

1. Alice ergreift die Initiative und sendet eine mit k_A verschlüsselte Nachricht $k_A(A, B)$ an das KDC, dass sie, Alice (A), gerne mit Bob (B) kommunizieren möchte.

2. Das KDC verfügt über den geheimen Schlüssel k_A von Alice und kann damit Alices Nachricht $k_A(A, B)$ entschlüsseln. Daraufhin generiert das KDC einen zufälligen Sitzungsschlüssel R für die nachfolgende Kommunikation zwischen Alice und Bob. Das KDC sendet dann eine mit k_A verschlüsselte Nachricht an Alice, die folgendes enthält:
   - den Sitzungsschlüssel R und
   - eine mit Bobs geheimem Schlüssel verschlüsselte Nachricht $k_B(A, R)$, die aus Alices Namen A und dem Sitzungsschlüssel R besteht, die von Alice aber nicht verstanden werden kann, weil sie mit Bobs geheimem Schlüssel verschlüsselt ist.
3. Alice empfängt und entschlüsselt die Nachricht des KDC. Sie extrahiert zum einen den Sitzungsschlüssel R und speichert diesen für die nachfolgende Kommunikation mit Bob und leitet zum anderen den zweiten (von ihr unverstandenen) Teil der Nachricht $k_B(A, R)$ an Bob weiter.
4. Bob empfängt $k_B(A, R)$, entschlüsselt die Nachricht mit seinem eigenen geheimen Schlüssel k_B. Er erfährt dadurch vom Kommunikationswunsch von Alice (A) und erhält den gemeinsamen Sitzungsschlüssel R für die Kommunikation mit Alice.

Nun kennen beiden den geheimen Sitzungsschlüssel R und eine damit verschlüsselte Kommunikation zwischen Alice und Bob kann beginnen. Falls gewollt, könnten Alice und Bob in der ersten, mit R sicher verschlüsselten Kommunikationsrunde einen eigenen, auch dem KDC unbekannten gemeinsamen Schlüssel vereinbaren (siehe Abb. 8.1).

Der am Massachusetts Institute of Technology (MIT) entwickelte Authentifikationsdienst Kerberos, der in RFC 1510 spezifiziert ist, liefert ein Beispiel für ein solches Schlüsselverteilzentrum, den sogenannten Kerberos-Server. Ein Kerberos-Server versorgt angemeldete Nutzer in einem Netzwerk auf Anforderung mit einer Ausweis-Datei (Ticket) von begrenzter zeitlicher Gültigkeit, die der Nutzer als Ausweis zum Schutz für seinen Datenverkehr benutzen kann. Über die Dienste eines KDCs hinaus verwalten Kerberos-Server zusätzlich für die angemeldeten Nutzer auch noch Zugriffsrechte auf bestimmte Netzwerkressourcen und versehen den erteilten Sitzungsschlüssel mit einem Verfallsdatum.

8.2   Zertifizierungsstelle (CA) und digitale Zertifikate

Eine Verschlüsselung mit Hilfe eines asymmetrischen Verschlüsselungsverfahrens birgt den großen Vorteil, dass kein Austausch von geheimen Schlüsseln organisiert werden muss. Der zum Entschlüsseln jeweils erforderliche öffentliche Schlüssel wird vom Eigentümer frei verteilt und z. B. auf dessen Homepage im WWW bereitgestellt. Allerdings muss dabei sichergestellt sein, dass der dargebotene öffentliche Schlüssel auch tatsächlich der öffentliche Schlüssel des Teilnehmers ist. Ansonsten könnte ein Angreifer z. B. vermittels einer Man-in-the-Middle Attacke eine falsche Identität vortäuschen. Einem öffentlichen Schlüssel aber kann man einfach nicht ansehen, zu wem er tatsächlich gehört, d. h. seine Authentizität steht grundsätzlich in Frage.

Ein weiteres Problem besteht darin, dass öffentliche Schlüssel ihre Gültigkeit verlieren können, wenn z. B. ein Schlüsselpaar kompromittiert und deshalb für den Teilnehmer ein neues Schlüsselpaar erzeugt wurde. Dann muss der kompromittierte Schlüssel gesperrt werden, damit potentielle Kommunikationspartner nicht den kompromittierten Schlüssel benutzen. Auch bei der Verwendung des privaten Schlüssels zum digitalen Signieren muss verhindert werden, dass der signierende Teilnehmer abstreiten kann, die Nachricht tatsächlich signiert zu haben, indem er behauptet, der Schlüssel, mit dem die digitale Signatur angefertigt wurde, sei gar nicht der seine. Asymmetrische Verschlüsselungsverfahren sind deshalb nur dann von Nutzen, wenn man sich auf die Authentizität der verwendeten öffentlichen Schlüssel sicher verlassen kann.

Die überprüfbare und fälschungssichere Bindung eines öffentlichen Schlüssels an einen Nutzer wird wie bereits erwähnt über ein von einer Zertifizierungsstelle (Certificate Authority, CA) ausgestelltes und signiertes **digitales Zertifikat** hergestellt (siehe Abb. 8.2). Wenn ein asymmetrisches Verschlüsselungsverfahren innerhalb eines Unternehmens zum Einsatz kommen soll, bietet es sich an, die Zertifizierungsstelle von der IT Abteilung des Unternehmens betreiben zu lassen. Zertifizierungsstellen werden aber auch von Behörden und anderen vertrauenswürdigen Unternehmen zur öffentlichen Benutzung betrieben.

Eine CA überprüft vor Ausstellung eines Zertifikats zunächst die Identität eines Nutzers (oder eines Services oder Rechners). Wie diese Identitätsprüfung von statten geht, bleibt der CA überlassen. Erfolgt die Identitätsprüfung z. B. lediglich auf der Basis einer E-Mail-Mitteilung, dann taugt das später ausgestellte Zertifikat allerdings nicht viel, da E-Mail-Nachrichten leicht gefälscht werden können. Handelt es sich dagegen um eine staatlich anerkannte, die Normen des deutschen Signaturgesetzes erfüllende CA, dann kann man dem ausgestellten Zertifikat ohne Bedenken vertrauen. In jedem Fall muss die CA ihre eigenen Zertifizierungsrichtlinien öffentlich bekanntgeben, damit Nutzer die Qualität des Zertifikats und damit die Verlässlichkeit der Bindung des übermittelten öffentlichen Schlüssels an einen anderen Nutzer einschätzen können.

Nachdem die CA die Identität eines Nutzers geprüft hat, erstellt sie ein digitales Zertifikat, das den öffentlichen Schlüssel des Nutzers mit dessen Identität (Name, Anschrift oder IP-Adresse) verbindet. Das Zertifikat wird von der CA digital signiert („zertifiziert"). Neben der Identität und dem öffentlichen Schlüssel eines Teilnehmers enthält ein digitales Zertifikat weitere Informationen, wie z. B. die Gültigkeitsdauer, eine Seriennummer und Angaben zum Verwendungszweck des öffentlichen Schlüssels.

Dem digitalen Zertifikat einer CA kann aber nur dann Vertrauen entgegengebracht werden, wenn die Nutzer in der Lage sind, die Signatur der CA zu überprüfen („verifizieren"). Dazu muss der öffentliche Schlüssel der CA bekannt sein. Auch hier stellt sich das Problem, dass dem öffentlichen Schlüssel der CA zunächst nicht angesehen werden kann, ob er authentisch und gültig ist. Oft wird daher der öffentliche Schlüssel einer CA ebenfalls in ein digitales Zertifikat gefasst (CA-Zertifikat), aber das eigentliche Problem verlagert sich damit lediglich auf diejenige CA, die das CA-Zertifikat signiert hat. Daher müssen andere, sichere Wege gefunden werden, um den öffentlichen Schlüssel einer CA sicher zu publizieren. Eine Möglichkeit ist die Veröffentlichung des öffentlichen Schlüssels der CA in einem renommierten (vertrauenswürdigen) Journal oder die persönliche Entgegennahme des öffentlichen Schlüssels direkt bei der CA. Ebenfalls möglich ist die Anwendung des folgenden Szenarios, das bei der elektronischen Auslieferung von Software durch Softwarehersteller zum Einsatz kommt: Das Unternehmen übergibt bei der Auslieferung von Software auf die PCs der Anwender den öffentlichen Schlüssel der CA. Sollte ein Nutzer diesem öffentlichen Schlüssel nicht trauen, kann er ihn z. B. persönlich telefonisch von einem Mitarbeiter des Unternehmens verifizieren lassen.

Um sicherzugehen, dass bei einem übergebenen öffentlichen Schlüssel der zugehörige Nutzer tatsächlich die behauptete Identität besitzt, wird folgendermaßen vorgegangen:

1. Wenn Alice mit Bob über ein asymmetrisches Verschlüsselungsverfahren kommunizieren möchte, sendet sie diesem ihre Nachricht zusammen mit ihrem Zertifikat (das Zertifikat kann auch von der CA angefordert werden).
2. Die betreffende CA hat ihren eigenen öffentlichen Schlüssel allen Anwendern auf sichere Weise zugänglich gemacht. Mit diesem öffentlichen Schlüssel der CA entschlüsselt Bob das Zertifikat von Alice.
3. Kann Bob das Zertifikat entschlüsseln und stimmen die darin gemachten Angaben zur Identität mit denen von Alice überein, kann Bob sicher sein, dass er

tatsächlich mit Alice kommuniziert und für die weitere Kommunikation deren öffentlichen Schlüssel verwenden.

8.3 Vertrauensmodelle

Digitale Zertifikate können nicht nur von CAs ausgestellt werden. Das Signieren eines Zertifikats kann auch von einer Stelle übernommen werden, der beide Kommunikationspartner vertrauen. Tatsächlich gibt es hier unterschiedliche Vertrauensmodelle. Die einfachste Variante wird als Direct Trust bezeichnet und sieht vor, dass Bob persönlich die Authentizität seines öffentlichen Schlüssels bei Alice bestätigt. Dies kann durch Ausstellen eines Zertifikats erfolgen. Um dabei aber eine Manipulation durch einen möglichen Angreifer zu verhindern, müssen Alice und Bob zur Übermittlung des Zertifikats einen zweiten unabhängigen Kanal benutzen (z. B. das Telefon). Für eine kleine Nutzergruppe kann so die Authentizität und die Gültigkeit der öffentlichen Schlüssel gewährleistet werden. Mit steigender Anzahl der Kommunikationsteilnehmer wird dieses Verfahren aber sehr schnell ineffizient. Auch lässt sich mit diesem Verfahren keine Verbindlichkeit erreichen, da Bob jederzeit abstreiten kann, dass es sich bei einem öffentlichen Schlüssel um seinen eigenen handelt.

Wächst die Zahl der Kommunikationsteilnehmer, kann man neben der direkten und persönlichen Verifikation von öffentlichen Schlüsseln auch auf eine mittelbare Variante zurückgreifen: Wenn Alice Bob vertraut und Bob Carol, dann kann auch Alice Carol vertrauen. Technisch gesehen kennt Alice Bobs öffentlichen Schlüssel und hat diesen (z. B. durch Direct Trust) verifiziert. Andererseits kennt Bob Carols öffentlichen Schlüssel und hat diesen verifiziert. Bob signiert jetzt Carols öffentlichen Schlüssel gegenüber Alice. Alice überprüft die Authentizität von Bobs Signatur und kann so auf die Korrektheit von Carols öffentlichen Schlüssel schließen. Auf diese Weise lassen sich beliebige lange Ketten gegenseitigen Vertrauens bilden, die insgesamt ein Vertrauensnetzwerk bilden, das sogenannte Web of Trust.

Im Web of Trust lässt sich die Authentizität der öffentlichen Schlüssel auch innerhalb größerer Benutzergruppen effizient feststellen. Auch in Bezug auf die Verbindlichkeit eines öffentlichen Schlüssels bietet das Web of Trust gegenüber dem Direct Trust Vorteile. Hier lässt sich die Verbindlichkeit eines öffentlichen Schlüssels nicht so einfach abstreiten, da es stets wenigstens einen Bürgen gibt, der die Authentizität eines Schlüssels bezeugen kann. Allerdings ist die Überprüfung der Gültigkeit eines öffentlichen Schlüssels sehr mühsam. Wenn Alice ihren öffentlichen Schlüssel sperren lassen will, muss sie dies allen Teilnehmern des Web of Trust mitteilen. Übrigens basiert die sichere Kommunikation bei Pretty Good Privacy (PGP) auf einem Web of Trust. Das Web of Trust Modell hat so große Verbreitung erfahren.

Kommen dagegen wie zu Anfang unserer Erörterung beschrieben, die Zertifikate von einer CA, spricht man von **Hierarchical Trust**. Hier übernimmt die CA die Aufgabe, die Identitäten der Teilnehmer zweifelsfrei festzustellen und deren öffentliche Schlüssel zu verwalten. Dazu wird aber eine entsprechende Infrastruktur benötigt, eine sogenannte **Public Key Infrastruktur PKI**. Im Hierarchical Trust Modell lassen sich sowohl Authentizität der öffentlichen Schlüssel, ihre Gültigkeit und deren Verbindlichkeit effizient sicherstellen.

Innerhalb des Hierarchical Trust Modells unterscheidet man folgende Varianten:

- **Einstufige Hierarchie**: Einfachste Variante, die nur eine einzige CA vorsieht, deren öffentlicher Schlüssel im Besitz aller Teilnehmer sein muss. Mit diesem öffentlichen Schlüssel können alle Zertifikate verifiziert werden.
- **Webmodell**: Da viele verschiedene CAs existieren, verfügt jede CA jeweils über einen bestimmten, sich meist überlappenden Teilnehmerkreis. Soll jetzt zwischen Teilnehmern verschiedener CAs eine sichere Kommunikation stattfinden, müssen die Teilnehmer zunächst überprüfen, bei welcher CA der Kommunikationspartner angemeldet ist und welcher CA-Schlüssel benötigt wird, um ein entsprechendes Zertifikat zu verifizieren. Aktuelle Web-Browser werden heute zu diesem Zweck bereits mit zahlreichen CA-Zertifikaten vorkonfiguriert und an die Nutzer ausgeliefert.
- **Cross Zertifizierung**: Wollen zwei Teilnehmer verschiedener CAs sicher miteinander kommunizieren, die nicht von der gleichen CA betreut werden, können sich die jeweiligen CAs gegenseitig zertifizieren.
- **Mehrstufige Hierarchie**: Für den Fall, dass eine gegenseitige Cross-Zertifizierung zu aufwändig ist, können sich CAs auch bei einer übergeordneten CA selbst zertifizieren. Ein Kommunikationsteilnehmer benötigt dann lediglich den öffentlichen Schlüssel der übergeordneten CA, mit dem er die Zertifikate der untergeordneten CAs verifizieren kann.

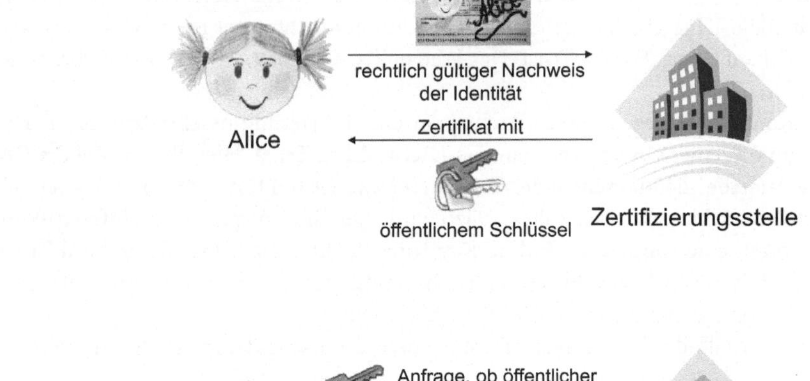

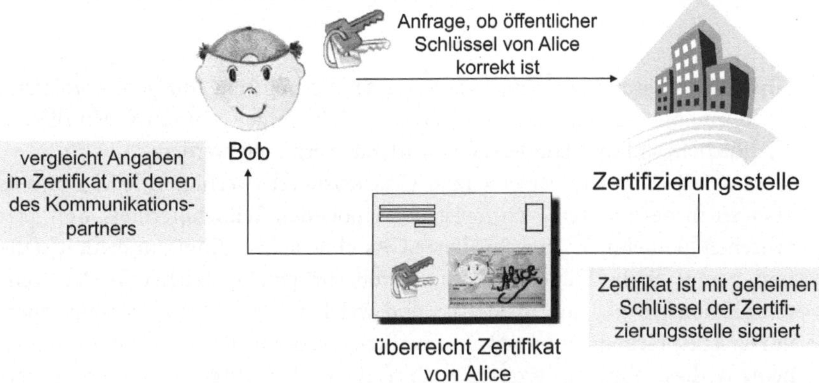

Abb. 8.2 : Alice und Bob nutzen eine Zertifizierungsstelle zur Überprüfung der öffentlichen Schlüssel

- **Bridge-CA**: Zertifizieren sich übergeordnete und untergeordnete CAs wechselseitig, so kann nicht mehr von einer mehrstufigen Hierarchie gesprochen werden. Eine CA, die in ein Netzwerk wechselseitiger Cross-Zertifizierungen eingebunden ist, heißt Bridge-CA. Um sicherzustellen, dass ein vom Nutzer übergebener öffentlicher Schlüssel tatsächlich mit seiner vorgegebenen Identität übereinstimmt, wird gemäß Abb. 8.2 vorgegangen.

Glossar sicherheitstechnischer Begriffe

9

- **Authentifikation (auch Authentifizierung):**
  Dient dem Nachweis der Identität eines Benutzers. Bei der Benutzerauthentifikation in einem geschlossenen Netz erfolgt die Authentifikation z. B. über einen Passwort-Mechanismus oder mittels biometrischen Authentifikationsverfahren, z. B. Fingerabdruck. Bei der Authentifikation in offenen Netzen werden zur Identitätsprüfung digitale Zertifikate einer vertrauenswürdigen Instanz verwendet und zur Überprüfung der Integrität einer Nachricht digitale Signaturen erstellt und mitversendet.

- **Autorisierung:**
  Der Zugriff auf bestimmte geschützte Informationsressourcen ist meist nur einem begrenzten Personenkreis erlaubt. Fordert ein Benutzer eine solche geschützte Informationsressource oder Dienstleistung an, muss überprüft werden, ob er autorisiert, also ob er berechtigt ist, auf diese zuzugreifen oder sie in Anspruch zu nehmen.

- **Asymmetrische Verschlüsselung (Public Key Encryption):**
  Bei den auch als Public-Key Verfahren bezeichneten kryptografischen Verfahren besitzt jeder Kommunikationspartner ein Schlüsselpaar bestehend aus einem öffentlichen Schlüssel und einem geheimen privaten Schüssel. Der öffentliche Schlüssel wird allen Teilnehmern zugänglich gemacht, mit denen eine Kommunikation angestrebt wird. Teilnehmer, die mit dem Herausgeber des öffentlichen Schlüssels kommunizieren wollen, verschlüsseln ihre Nachricht mit dessen öffentlichen Schlüssel. Der allein kann dann die Nachricht mit seinem korrespondierenden geheimen Schlüssel entschlüsseln.

- **Certificate Authority (CA):**
  Eine Certificate Authority (Zertifizierungsstelle) beglaubigt nach Internet-Standard RFC 1422 öffentliche Schlüssel von registrierten Benutzern mit Hilfe von digitalen Zertifikaten. Dazu wird die Identität des Benutzers überprüft. Der öffentliche Schlüssel des Benutzers wird dann zusammen mit seinem Namen

C. Meinel, H. Sack, *Sicherheit und Vertrauen im Internet*, essentials,
DOI 10.1007/978-3-658-04834-1_9, © Springer Fachmedien Wiesbaden 2014

und mit weiteren Kontrollangaben von der CA digital signiert und als digitales Zertifikat ausgegeben.

- **Datenintegrität:**
  Zwar kann in der Kryptografie nicht verhindert werden, dass Daten oder Nachrichten während des Transports über ein offenen Netz unbefugt von Dritten verändert werden, aber die Veränderung kann durch die Verwendung sogenannter Hash-Funktionen, die einen digitalen Fingerabdruck – Message Digest – der zu übertragenden Daten liefern, kenntlich gemacht werden.

- **Denial-of-Service (DoS):**
  Ein Angriff im Internet mit der Absicht, das Opfersystem gezielt zu überlasten, damit dieses nicht mehr in der Lage ist, seinen regulären Kommunikationsaufgaben nachzukommen oder sogar total ausfällt. Oft werden dabei bekannte Schwachstellen und Fehler von Internetdiensten ausgenutzt. Um die Identität des Angreifers zu verschleiern, erfolgt der Angriff meist von vielen verschiedenen, fremden Rechnern aus, auf denen der Angreifer zuvor Schadprogramme platziert hat, die später auf sein Kommando hin den eigentlichen Angriff koordiniert durchführen (Distributed Denial-of-Service). Die Systemadministratoren der betroffenen Rechner werden über die Existenz der Angriffsprogramme hinweggetäuscht, die illegal eingeschleust und im lokalen Dateisystem versteckt abgelegt werden.

- **Data Encryption Standard (DES):**
  Symmetrisches Block-Verschlüsselungsverfahren, 1977 veröffentlicht und 1993 für die kommerzielle Nutzung aktualisiert. DES kodiert Blöcke von jeweils 64 Bit mit einem ebenso langen Schlüssel (effektiv nur 56 Bit). DES ist heute mit relativ einfachen Mitteln zu brechen und zum Einsatz nicht mehr zu empfehlen. Mehrfache Anwendungen von DES mit unterschiedlichen Schlüsseln erhöhen die Sicherheit, wie z. B. bei Triple-DES (3DES).

- **Digitale Signatur:**
  Dient der Authentifizierung eines Dokuments und besteht aus dem mit dem privaten Schlüssel des Urhebers verschlüsselten digitalen Fingerabdruck – Message Digest – des Dokuments.

- **DNS-Poisoning:**
  Gezielter, aktiver Angriff auf einen DNS-Server, bei dem die dort verwalteten Domain Namen und IP-Adressen absichtlich manipuliert werden. Auf diese Weise können z. B. ganze Domains vom Netzverkehr ausgeschlossen oder gezielte Umleitungen des Datenverkehrs über die Station des Angreifers erzwungen werden.

- **Identifikation:**
  Damit wird der Vorgang des Erkennens eines Benutzers oder einer Nachricht bezeichnet. Die Identität kann mit einer Authentifikation überprüft werden. An eine Identität sind bestimmte Autorisationen gebunden.

- **IP-Spoofing:**
  Gezielte Manipulation des IP-Headers eines IP-Datagramms. Meistens wird dabei die Absender-IP-Adresse verändert und eine falsche Identität vorgetäuscht, um Firewalls zu täuschen und um zu verhindern, dass die gesendeten Datagramme bis zum Angreifer zurückverfolgt werden können. IP-Spoofing ist die Basis für viele weitere Angriffe.

- **Kryptoanalyse:**
  Anders als in der Kryptografie wird in der Kryptoanalyse versucht, Kryptografieverfahren zu brechen, also ohne Kenntnis des Schlüssels den Inhalt von verschlüsselten Nachrichten zu ermitteln. Gemeinsam werden Kryptoanalyse und Kryptografie als Kryptologie bezeichnet.

- **Kryptografie:**
  Teilgebiet der Informatik und der Mathematik, das sich mit der Konstruktion und Bewertung von Verschlüsselungsverfahren beschäftigt. Das Ziel der Kryptografie liegt im Schutz der Vertraulichkeit von Informationen vor dem Zugriff unberechtigter Dritter und der Gewährleistung der verschiedenen Sicherheitsschutzziele in der Kommunikation über offene Netze.

- **Kryptografieverfahren:**
  Verfahren zur Ver- und Entschlüsselung von Daten. Man unterscheidet schwache und starke Kryptografieverfahren nach dem Aufwand, der zu ihrer unberechtigten Entschlüsselung betrieben werden muss. Dieser steigt mit wachsender Schlüssellänge drastisch an. Kryptografieverfahren können symmetrisch sein, also auf einem gemeinsam zur Verschlüsselung und Entschlüsselung verwendeten, geheimen Schlüssel basieren, oder asymmetrisch. Dann verfügt jeder Teilnehmer über zwei Schlüssel, einen öffentlich bekannt zu machenden und einen nur ihm alleine zugänglichen, geheimen Schlüssel.

- **Kryptografische Hashfunktion, auch Einwegfunktion oder Message Authentication Code (MAC) genannt:**
  Einfach zu berechnende mathematische Funktionen, deren Umkehrfunktion praktisch, also mit vertretbarem Aufwand, nicht berechnet werden kann. Finden Anwendung in der Kryptografie als Verschlüsselungsverfahren bzw. zur Erstellung sogenannter digitaler Fingerabdrücke (Message Digest).

- **Man-in-the-Middle-Attacke:**
  Ein Angriff auf eine gesicherte Verbindung zwischen zwei Kommunikationspartnern, bei der sich der Angreifer zwischen diese beiden schaltet (Man-in-the-Middle) und die Kommunikation abfängt oder für die Kommunikationsteilnehmer unbemerkt verfälscht.

- **MD5 (Message Digest 5):**
  In vielen Kryptografieverfahren verwendete Einweg-Hashfunktion, die einen digitalen Fingerabdruck der Eingabedaten erzeugt und von Ron Rivest als

Nachfolger der MD4 Hashfunktion entwickelt wurde. MD5 verwendet eine Schlüssellänge von 128 Bit und findet z. B. in PGP oder SMTP Verwendung.

- **Message Digest:**
  Kurzer digitaler Fingerabdruck einer Nachricht, der durch die Anwendung einer Hashfunktion auf die zu übertragende Nachricht generiert wird. Wird der Message Digest mit Hilfe des privaten Schlüssels des Senders über ein asymmetrisches Verschlüsselungsverfahren verschlüsselt, erhält man eine digitale Signatur der ursprünglichen Nachricht, mit der die Identität des Senders und die Authentizität der Nachricht überprüft werden kann.

- **Nonce:**
  Zufällig gewählter Einmalwert, der in einer gesicherten Kommunikation dazu verwendet werden kann, sogenannte Playback-Angriffe zu verhindern, bei denen ein Angreifer mit einer zuvor aufgezeichneten und später duplizierten Nachricht versucht, Einfluss zu nehmen. Ein Nonce-Wert darf in der Kommunikation nur einmal verwendet werden.

- **Paketfilter:**
  Spezielle Software oder dedizierte Hardware, die den Datenverkehr in einem Netzwerk oder zwischen einem internen LAN und dem globalen Internet filtert. Dabei werden IP-Datagramme analysiert und je nach angegebener Quell- oder Zieladresse, Pakettyp oder anderen Parametern entschieden, ob das Datagramm weitergeleitet oder blockiert wird. Paketfilter werden als Zugriffskontrollsysteme, z. B. in Firewalls eingesetzt.

- **Packet-Sniffer:**
  Anwendungsprogramm bzw. dedizierte Hardware mit der Aufgabe, den Datenverkehr in einem lokalen Netz zu überwachen. In einem Diffusionsnetzwerk, in dem alle Rechner ein gemeinsames Kommunikationsmedium nutzen, kann ein Packet-Sniffer jedes einzelne Datenpaket mitlesen und analysieren. Packet-Sniffer dienen eigentlich der Überwachung und Analyse des Netzwerk-Datenverkehrs, können aber auch zu Einbruchs- und Spionagezwecken missbraucht werden.

- **Playback-Angriff:**
  Einfacher Angriff auf ein Rechnersystem, bei dem durch die Überwachung der Datenkommunikation z. B. verschlüsselte Passwörter aufgezeichnet werden, die dann bei einem späteren Angriff zum Einbruch in das überwachte System verwendet werden.

- **Pretty Good Privacy (PGP):**
  Von Phil Zimmermann 1991 entwickeltes System zur sicheren Abwicklung des E-Mail-Nachrichtenverkehrs. PGP ist frei verfügbar für die meisten Hardwareplattformen und Betriebssysteme und bietet E-Mail-Nachrichtenverschlüsselung mit symmetrischen Verschlüsselungsverfahren (Triple-DES, IDEA, CST),

Sicherung des symmetrischen Schlüssels über ein asymmetrisches Verschlüsselungsverfahren (RSA) sowie Sicherung der Integrität von E-Mail-Nachrichten (MD5 Message Digest) und Wahrung der Authentizität der Kommunikationspartner (digitale Signaturen). PGP ist das am weitesten verbreitete System zum sicheren Transport von E-Mail-Nachrichten.

- **Public Key Infrastruktur (PKI):**
  Eine PKI umfasst alle organisatorischen und technischen Maßnahmen, die zur sicheren Nutzung eines asymmetrischen Verschlüsselungsverfahrens zum Verschlüsseln bzw. zur digitalen Signatur erforderlich sind.

- **Request for Comments (RFC):**
  Neue Technologien im Internet reifen in der Diskussion von Experten und werden festgehalten in sogenannten RFCs (Request for Comments). Im Zuge des Internet-Standardisierungsprozesses entstand daraus eine durchnummerierte Sammlung von Dokumenten, in denen Technologien, Standards und Sonstiges mit Bezug zum Internet dokumentiert und standardisiert werden.

- **RSA-Verfahren:**
  Bekanntestes asymmetrisches Verschlüsselungsverfahren, benannt nach seinen Entwicklern Rivest, Shamir und Adleman. Das RSA-Verfahren arbeitet mit zwei Schlüsseln, einem jedermann zugänglichen öffentlichen Schlüssel (Public Key) und einem geheim zu haltenden privaten Schlüssel (Private Key). RSA basiert auf dem Problem der Primfaktorenzerlegung. Eine Entschlüsselung ist ohne Kenntnis der geheimen, privaten Schlüssel mit vertretbarem Aufwand nicht möglich.

- **Schlüssel (Key):**
  Die zur Verschlüsselung einer Nachricht verwendete Transformationsfunktionen werden über geheimem Parameter, sogenannte Schlüssel parametrisiert. Je länger solche Schlüssel sind, umso größer ist der Schlüsselsuchraum. Die Größe des Schlüsselraumes ist ein Maß für die Schwierigkeit, die Transformationsfunktion unberechtigt wieder rückgängig zu machen.

- **Starke Kryptografie:**
  Bezeichnung für Verschlüsselungsverfahren mit höchster Sicherheit, für die keine praktischen Verfahren zum Brechen der Verschlüsselung bekannt sind. Die notwendige Berechnungszeit zum Brechen eines Schlüssels hängt von der Länge des verwendeten Schlüssels ab. Daher spricht man bei Verfahren ab einer hinreichend großen Schlüssellänge von einem starken kryptografischen Verfahren. Diese Länge verschiebt sich allerdings permanent mit der stetig wachsenden Leistungsfähigkeit der zum Einsatz kommenden Rechensysteme.

- **Steganografie:**
  Besondere Form der Verschlüsselung. Dabei wird die zu verschlüsselnde Nachricht innerhalb anderer, in diesem Zusammenhang unwichtiger Information

versteckt, so dass sie nicht als solche erkennbar ist. Eigentliches Ziel dabei ist die Verschleierung der Tatsache, dass überhaupt verschlüsselte Informationen übertragen werden.

- **Symmetrische Verschlüsselung (Secret Key Encryption):**
  Älteste Familie von Verschlüsselungsverfahren, bei dem Sender und Empfänger zur Verschlüsselung und Entschlüsselung einer Nachricht einen identischen, geheim zu haltenden Schlüssel verwenden. Man unterscheidet Blockchiffren, bei denen die zu verschlüsselnde Nachricht vor ihrer Verschlüsselung in Blöcke fester Länge zerlegt wird, und Stromchiffren, bei denen die zu verschlüsselnde Nachricht als Textstrom betrachtet wird, zu dem ein Einmal-Schlüssel identischer Länge generiert wird, mit dem die Verschlüsselung der Nachricht zeichenweise vorgenommen wird. Ein Problem bei der symmetrischen Verschlüsselung ist der Austausch des vor Dritten geheim zu haltenden Schlüssels.

- **Transport Layer Security (TLS):**
  Steht als potentieller Nachfolger von SSL in den Startlöchern. Das Protokoll ist in der Transportschicht des Schichtenmodells der TCP/IP Kommunikation angesiedelt und verspricht mehr Sicherheit bei der Kommunikation im Internet. Die TLS-Spezifikation wurde als RFC 2246 durch das IETF zum Internet-Standard erhoben.

- **Vertraulichkeit (Privacy):**
  Der Inhalt einer vertraulichen Nachricht darf jeweils nur dem Absender und dem Empfänger der Nachricht zur Kenntnis gelangen. Hört ein Angreifer eine Kommunikation ab (Eaves Dropping) und gelingt es ihm, Kenntnis vom Inhalt der Nachricht zu erlangen, dann kommt es zum Verlust der Privatsphäre (Loss of Privacy).

- **Zertifikat:**
  Digitale Zertifikate sind das elektronische Gegenstück zu einem Personalausweis. Sie ordnen ihrem Inhaber eindeutig einen öffentlichen Schlüssel (Public Key) und damit auch eine digitale Signatur zu, die nur mit dem korrespondierenden privaten Schlüssel erzeugt worden sein kann. Zertifikate müssen von einem vertrauenswürdigen Dritten, einer Zertifizierungsstelle, ausgestellt und signiert werden.